KB042434

범죄학이
오페라를
만나다

조윤오 지음

CRIMINOLOGY

MEETS

OPERA

박영사

이 저서는 2016년 대한민국 교육부와 한국연구재단의 지원을 받아 수행된 연구임
(NRF-2016S1A6A4A01018015)

저는 범죄의 원인을 연구하는 범죄학자입니다. 범죄학자가 오페라 책을 쓰게 된 이유를 먼저 말씀드리고자 합니다. 운 좋게도 저는 과거에 맨해튼에 위치한 뉴욕시립대학 존제이^{John Jay} 형사사법대학에서 박사(범죄학) 공부를 한 적이 있습니다. 학교에서 걸어서 약 7~8분 정도면 유명한 링컨센터와 메트로폴리탄 오페라 극장, 줄리아드 음대 등 세계적인 예술가들이 모이는 아트센터가 있었습니다. 멋진 공연을 1학기부터 즐길 수 있었지만, 박사 첫 학기 과제준비와 존제이대학 학부생 수업 준비로 링컨센터 근처는 갈 여유조차 없었습니다.

공부가 힘들어지면서 건강 상태는 바닥 수준으로 떨어졌고, 그러던 중 거의 공부를 포기하고 다시 한국에 돌아가야 하는 자포자기의 순간이 다가왔습니다. 정확히 말하면 스스로 포기하는 것이 아니라, 학교로부터 완곡하게 "자퇴"를 권유당하는 굴욕의 순간이 다가온 것이지요. 뉴욕에서 쫓겨나더라도 한 번쯤은 학교 근처 센트럴 파크도 보고, 오페라 극장도 가 봐야겠다는 생각을 했습니다.

한국행 비행기 표를 끊고, 메트로폴리탄 극장에서 오페라 「세비야의 이발사」를 관람했습니다. 태어나서 처음 보는 오페라 공연에 별 큰 기대는 없었습니다. 로시니의 작품은 18세기 당시 시대 상류층을 풍자한 "로맨스 경쾌 발랄" 희극작품이었습니다. 시간과 공간을 초월한 남녀 간의 사랑도 있고, 배신과 음모 결투도 있고, 계층 간의 가치관 충돌도 보여주는 해학적 요소가 많은 작품이라 가볍게 보고 오페라를 즐기면 되겠다고 생각했습니다. 애교 넘치는 경쾌한 음악 멜로디와 피가로의 코믹스러운 동작에 전통 희극 오페라를 처음에는 재미있게 봤습니다.

그런데 갈수록 공연 내내 묘한 슬픔을 느끼며 저는 하염없이 뺨에 흐르는 눈물을 닦아야 했습니다. 조금씩 흘리던 눈물이 나중에 3막부터는 대성통곡 수준으로 바뀌어 버렸습니다. 희극을 보고, 눈물을 흘리는 제 모습을 저도 잘 이해할 수 없었습니다. 솔직히 지금도 그때 제가 무슨 감정을 느꼈는지, 왜 그리 눈물을 흘렸는지 잘 모르겠습니다. 내가 한 노력들이 너무 안쓰러워 흘린 눈물일까요? 뉴욕 적응에 실패한 제 자신의 어리석음이 후회되어 흘린 눈물일까요?

한 가지 확실한 것은 로시나와 알마비바 백작, 피가로 등 다양한 등장인물들을 보며 제가 일 년 동안 뉴욕에서 경험한 일들이 한 편의 영화처럼 스쳤고, 제 모습이 이전과는 완전히 다르게 새롭게 느껴졌다는 점입니다. 지금 내가 처한 상황이 어쩌면 그다지 심각한 상황이 아닌 것 같다는 큰 위안을 받았고, 큰 그림에서 '내가 꿈꾸는 성공에 대한 과도한 욕심, 극단의 완벽주의 성향, 실패에 대한 두려움, 사랑에 대한 불신, 사람들에 대한 서운함, 문화적 차이로 인한 오해' 등이 그다지 심각한 일이 아닌 듯 새롭게 재해석되었습니다. 내가 인정하지 않았던 내 개인의 문제점을 객관적으로 인식하게 되었던 것도 참으로 신기한 경험이었습니다. 피가로처럼 긍정적인 자세로 유쾌하게 힘든 상황을 헤쳐 나가야겠다는 생각을 했습니다.

오페라 작품 속에서 분명 저는 큰 심리적 위안을 얻었고, 오페라 가수들의 심장을 울리는 아리아에 아주 큰 감명을 받으며 행복한 카타르시스를 느꼈습니다. 오페라 작품 스토리에서 나의 문제점과 정체성을 보다 정확하게 진단해 볼 수 있었습니다. 그날 공연을 보고 제 내면에서는 알 수 없는 무한 "긍정의 힘"이 생겼고, 추가로 1년 더 뉴욕 생활을 견뎌 보자는 생각을 하게 되었습니다.

첫 학기 유학생활이 왜 고통의 연속이었는지, 저는 오페라를 감상하는 동안 한 걸음 뒤로 물러나서 객관적으로 다시 숙고해 봤고, 완전히 새롭게 뉴욕 생활을 설계해야 한다는 다짐을 하게 되었습니다. 그리고 힘들 때마다 서울 비행기 날짜를 찾는 대신, 메트 공연Met Opera 학생 할인 표를 찾았습니다. 나중에는 오페라 공연 관람을 위해 살짝 화려한 드레스도 입어 보는 용기도 내었지요.

저는 남은 유학생활 내내 오페라 작품을 자주 즐겼던 듯합니다. 공부 시간을 줄이고 공연 관람 시간이 늘어났는데, 신기하게도 박사 수업 성적은 모두 급상승했고, 제가 가르쳤던 존제이대학 학부생들의 강의 평가도 갈수록 좋아졌습니다. 떨어지기 직전의 마지막 종합시험도 멋지게 합격했습니다. 저는 오페라 시즌이 없는 계절에는 링컨센터 내 클래식 음악과 발레 공연, 연극 무대 등을 통해 인생의 희로애락을 온몸으로 느꼈습니다. 한마디로 제 인생의 나락을 "오페라 음악치료"로 훌륭하게 잘 극복한 것이지요.

미국 박사 공부를 시작하기 전 저는 2000년부터 2005년까지 법무부에서 보호관찰관으로 근무했었습니다. 보호관찰관으로 범죄자 관리 감독 업무를 5년 넘게 하면서 범죄자와 갈등도 많았고, 위험한 범죄자의 재범 행동으로 충격사건 상황을 목격한 적도 많았습니다. 보호관찰 관련 업무량 증가로 직무스트레스와 업무 소진burnout 등을 경험하기도 했습니다. 뉴욕에서 오페라는 저에게 과거의 외상 후 스트레스 장애PTSD: Post Traumatic Stress Disorder를 치유해 주는 원동력이었고, 유학생활의 성공 길라잡이가 되어 주었습니다. 개인적으로 범죄학자가 아닌 일반 사람들도 저처럼 오페라를 경험해 보면 좋겠다는 생각을 하게 되었습니다.

오페라는 인간의 희로애락을 보여주는 인문학 원리를 바탕으로 한 종합예술입니다. 오페라 작품들은 격정적인 인생사건을 통해 인간이 가진 다양한 감정의 극단을 관객들에게 보여주고, 고전 속에 나타난 근본적인 "인간다움"에 대한 이야기를 하면서 캐릭터를 통해 시대 상황별로 다양한 철학적 가치를 고민하게 만듭니다. 즉, 오페라는 연극적 요소와 음악적 요소, 그리고 아름다운 무대장치 등을 통해 관객들로 하여금 자연스럽게 등장인물 속에서 진정한 나의 모습을 찾게 만들고, 결국 오랜 시간 인류가 느껴 온 인간의 원초적 감정을 새로운 맥락에서 재해석하는 통찰의 경험을 선사한다고 하겠습니다.

범죄학Criminology 이론을 배우면서 동시에 자신의 본성과 우리 주위에 있는 범죄자와 비행청소년들이 처한 특수한 상황, 그리고 그들이 겪게 되는 아픔 등을 깊이 느껴 보시기 바랍니다. 독자들이 갖고 있는 전공과 직업, 배경은 모두 다르지만 사회 구성원들의 안전을 위해 많은 사람들이 범죄학 이론에 관심을 가졌으면 합니다. 더 나아가 지역사회에서 일반인들과 함께 생활하는 범죄자들이 가진 자유의지free will와 주변 환경의 중요성, 그리고 인류가 꿈꾸는 진정한 인간다움에 대해 더 많이 생각해 보기를 바랍니다.

독자들은 오페라 작품을 감상하며 자연스럽게 사회문제와 범죄 현상에 큰 관심을 가지게 될 것이고, 과거와는 다른 새로운 범죄예방 해석의 틀을 갖게 될 것입니다. 스스로가 가진 내면의 문제점을 심층적으로 탐색해 보면서 잠재적인 문제 행동을 사전에 막을 수 있는 방법이 무엇인지 고민하게 될 것입니다. 동시에 이미 범죄를 저지른 형 확정자들의 재범방지 및 사회복귀Rehabilitation에 대해서도 진지하게 성찰해 보는 기회를 갖게 될 것입니다.

사회학, 심리학, 교정학, 경찰학, 사회복지학, 법학, 교육학 등 인간의 문제 행동을 다루는 학문은 매우 많습니다. 범죄학은 이런 다양한 학문과 모두 깊이 연관되어 있습니다. 범죄학을 통해 객관적이고 체계적인 방식으로 범죄의 원인을 정확히 진단하는 능력을 키워 보시기 바랍니다. 우리에게 친숙한 일곱 개의 오페라(돈 지오바니, 마술피리, 헨젤과 그레텔, 카르멘 등)를 통해 문제 행동의 원인을 종합적이고 체계적인 방식으로 설명할 수 있고, 균형 잡힌 시각에서 범죄예방의 큰 방향을 이해하게 될 것입니다. 오페라 캐릭터의 행동을 보다 더 정확하게 이해하게 되고, 심층적인 공감 능력을 통해 타인을 이해하게 됨으로써 범죄원인에 대한 종합적인 시각을 갖게 될 것입니다. 특정 범죄학 이론의 개념을 쉽게 익히게 된다는 이점도 있습니다.

범죄학 이론을 이용해 체계적인 방식으로 범죄의 원인을 밝히고, 근거-중심의 범죄예방 대책을 제시하는 것이 범죄학Criminology의 의의입니다. 이 책에서는 범죄학 이론을 활용해 오페라 작품에 등장하는 등장인물들의 문제 행동을 과학적인 눈으로 통찰해 보고, 내 자신의 행동을 객관적으로 통찰해 보도록 하는 데 초점을 둘 것입니다. 이를 통해 독자들은 인간이 저지르는 문제 행동의 원인을 깊이 있는 인문학적 소양을 활용해서 입체적으로 이해하게 될 것입니다.

이 책은 전문서적이지만, 처음 범죄학을 접하는 사람들을 위해 범죄학 이론을 가능한 쉽게 일반적인 용어로 풀어서 설명하고 있습니다. 어려운 한 가지 범죄학 이론을 깊이 있게 설명하는 대신, 오페라 작품 속 캐릭터를 범죄학 이론 속에서 가능한 많은 설명기제로 쉽게 표현하려고 했습니다. 이론이 중복되어 한 작품에 여러 개의 범죄학 이론이 적용되는 경우도 있고, 다양한 오페라 작품에서 동일한 이론이 반복적으로 나오기도 합니다.

인간의 일부 감정이 오페라 스토리 속에서 어떤 문제 행동으로 표출되는지 잘 살피고, 어떤 절차를 통해 범죄라는 문제 행동이 반복되는지 끊임없이 고민해 보길 바랍니다. 독자들이 오페라 감상을 통해 더 편하고 자연스럽게 많은 범죄학 이론을 이해하게 되기를 바랍니다. 이 책을 통해 재미있는 범죄학 이론을 배우게 될 것이고, 동시에 아름다운 오페라 음악을 즐기게 될 것입니다.

「범죄학이 오페라를 만나다」는 새로운 형태의 전문 인문학 책에 속합니다. 범죄학자가 아닌 일반인들이 쉽게 다가갈 수 있는 "범죄학 입문서"로 생각해 주시면 좋겠습니다. 오페라를 쉽게 접할 수 없는 일반인이나 청소년들이 특히 범죄학 이론을

활용해 많은 오페라 작품을 경험하게 되기를 바랍니다. 〈부록〉 파트에 과거 보호
관찰소에서 진행했던 오페라 심리치료 교육 내용의 일부를 수록해 두었습니다.

이 책을 보고 독자들이 오페라 공연장을 찾는 기회가 더 많아지면 좋겠습니다.
독자들은 오페라의 스토리와 음악 특징, 무대 속 역사적 배경, 그리고 범죄학 이
론을 함께 살펴봄으로써 인간다움의 의미와 자유의지의 한계 등을 폭넓게 고민하
게 될 것입니다. 무엇보다도 인간 고유의 극한 감정과 인간다움에 대한 고찰, 범
죄발생 원인에 대한 통합적 설명이 인문학적 차원에서 더 넓은 의미로 확장될 것
입니다.

범죄학 이론을 배우면서 타인뿐만 아니라 나 스스로에 대한 통찰력도 자연스럽
게 커질 수 있습니다. 독자들은 르네상스 시대의 대표적인 종합 예술에 속하는 오
페라를 통해 우리 사회에서 최근 발생하고 있는 흉악범죄 실태 및 예방대책에 대해
생각해 보고, 지역사회에서 타인이 저지른 문제 행동을 범죄학에 연관시켜 종합적
으로 범죄 문제를 바라보게 될 것입니다. 인간 본연의 "선과 악"에 대해 스스로 성
찰해 볼 수 있는 인간 탐구의 기회가 이어질 것입니다.

궁극적으로 이 책을 통해 사회의 안전을 구축하는 데 많은 독자들이 함께 공동
의 책임과 시민의식을 갖게 되기를 간절히 희망합니다. 범죄학에서 말하는 억제이
론, 차별적 접촉이론, 자아통제이론, 학습이론, 긴장이론, 생애경로 발전모델, 중화
기술 이론 등을 배우며, 비행청소년이나 범죄자의 입장을 보다 정확하게 이해하게
될 것입니다.

이미 2018년에 박영사 「오페라에서 찾은 범죄심리」 출간을 통해 동국대 다르마
칼리지 대학에 교양과목으로 "오페라 범죄학" 수업이 마련된 바 있습니다.[1] 오페라를
통한 범죄학 경험이 일반인들에게 자신이 속한 지역사회 속 범죄와 비행문제에 더
깊은 관심을 갖게 만드는 기회가 되기를 바라면서 이 책의 서문을 마치고자 합니다.

집필 과정 및 출판 상황에서 아낌없는 지원을 보태 준 박영사 담당자 분들과 편
집부의 윤혜경 선생님께 진심으로 감사드립니다. 이 책의 출판 기회 밑거름을 만들

---

1 추가로 「오페라에서 찾은 범죄심리」(저자 조윤오·신소라) 책도 추천해 봅니다. 일부 동일한 오페라
  작품을 다루고 있으나, 작품에 적용된 범죄학 이론은 완전히 다르다고 하겠습니다. 같은 작품에 대해
  서 상이한 범죄학 이론이 적용될 수 있고, 새로운 오페라 작품에 대해 유사한 범죄학 이론이 적용될
  수도 있습니다.

어 주신 한국연구재단 학술출판지원사업 담당자분들에게도 따뜻한 감사의 인사를 올립니다. 세심한 오타 교정의 끝판을 보여준 조문강 양에게도 큰 사랑을 보냅니다.

2021년 동국대 남산 아래
저자 조윤오

·CONTENTS·

01

돈 지오바니: 억제이론, 자기통제이론, 아노미 · 긴장이론

희대의 바람둥이, 나쁜 남자의 심리

돈 지오바니: 억제이론, 자기통제이론, 아노미 · 긴장이론
희대의 바람둥이, 나쁜 남자의 심리

I. 바람둥이에게 빠질 수밖에 없는 이유?

1. 나쁜 남자, 돈 지오바니의 매력을 말하다.

오페라 돈 지오바니에서는 많은 여자들의 가슴을 설레게 한 희대의 바람둥이를 만날 수 있다. 이 재미있는 오페라 속에서 모차르트가 보여준 **"돈 지오바니"**는 오랜 기간 연출가의 관점에 따라 시대별로 다양하게 묘사되어 왔다.

자신의 감정에 당당한 희대의 영웅이기도 했고, 때로는 사람들의 시선을 전혀 신경쓰지 않는 세기의 로맨티스트이기도 했다. 긍정적인 캐릭터로 지오바니의 강점이 부각된 적도 있지만, 가끔은 천하의 악당과 범죄자로 묘사되기도 했다. 많은 여성들을 희롱하는 여성편력이 강한 나쁜 남자의 표상이기도 했다. 한 가지 확실한 것은 돈 지오바니가 천하의 바람둥이였지만, 많은 여자들이 마음을 뺏길 만한 강력한 매력을 지닌 전형적인 "나쁜 남자 스타일"이었다는 것이다.

보는 사람에 따라 돈 지오바니를 평가하는 법도 다르겠지만, 시대가 변해도 그를 대다수가 부정적으로 묘사하는 이유는 돈 지오바니가 자신의 매력을 앞세워 "내.로.남.불"의 대가로 사람들에게 이중적인 행태를 보였기 때문이다. "내가 하면 로맨스이지만, 남이 하면 불륜"이라는 이 말, 바람둥이 돈 지오바니Don Giovanni는 자신의 행동을 여성에 대한 진정한 사랑이라고 합리화시켰다. 상대 여성이 미성년자 소녀라도 괜찮고, 중년의 유부녀라도 상관없다고 말하며, 누구든지 그 순간만큼은 진정한 나의 사랑이었다는 궤변을 내놓는다.

상류층 귀족이면서도 책임감이나 윤리적 의식은 안중에도 없고, 늘 자신의 이기적인 애정행각만을 자랑하고 다니며 끊임없이 새로운 여성에게 집착했던 돈 지오바니. 짧은 기간의 사랑만 속삭이고 금세 다른 여자에게 관심이 옮아가는 이 남자의 심리를 어떻게 이해해야 할까?

돈 지오바니는 다른 사람들이 무책임한 자신의 행동을 부도덕하다고 비난하는 것에 대해 늘 불만이 많았다. 자신의 행동은 진정한 사랑이었다고 항변하며 모든 여성들을 다 사랑했기에 세상 누구에게도 자신은 비난받을 이유가 없다고 주장했다.

범죄학 차원에서 먼저 여성편력이 반복되는 이유를 고전주의 범죄학 시각(억제이론)으로 설명해 볼 수 있다. 상류층들에게 제대로 된 형벌이 집행되지 않아 문제 행동이 습관적으로 계속 반복해서 일어난다고 보는 것이다. 처벌의 엄격성과 확실성, 신속성을 강조하는 억제이론 차원에서 분명, 상류층 귀족인 돈 지오바니의 문란한 행동은 고통스러운 형벌로 연결되어야 마땅한 것이었다. 그러나 당시 귀족들의 부도덕한 행동은 상대적으로 매우 관대하게 다루어졌기 때문에 상류층이 보이는 문제 행동은 억제되지 않고 계속해서 반복적으로 일어났다고 볼 수 있다.

다음으로 실증주의 내 자기통제이론으로도 돈 지오바니의 행동을 어느 정도 설명할 수 있다. 어린 시절에 형성된 낮은 수준의 자기통제력이 성인이 된 후에도 계속 여성들과의 교제 속에서 자기욕구를 충족시키는 방향으로 악화되면서 간통과 같은 부도덕한 모습이 나타나게 된 것이다.

마지막으로 아노미/긴장이론 차원에서 보면, 돈 지오바니가 처한 혼란한 사회 분위기에서 귀족으로서 큰 정치적 힘을 얻고 싶다는 개인적 욕망과 성공을 향한 적절한 수단의 부재가 서로 충돌하면서 왜곡된 적응양식을 만들어 낸 것으로 볼 수 있다. 물론 원래의 아노미/긴장이론은 성공수단이 부족한 "하류층"들의 범죄를 설명하기 위한 이론에 속하지만, 돈 지오바니의 상황이 최고의 권력이나 엄청난 부의 창출을 꿈꿀 수 없는 나약한 귀족의 모습으로 비춰지기도 해서 해당 이론을 확대 적용해 볼 수 있다. 귀족의 권한이나 사회적 성공도구가 과거보다 축소되었다는 점에서 '수단의 부재'를 적용해 볼 수 있다.

돈 지오바니의 잘못된 적응양식은 어쩌면 중류층이 새로운 경제세력으로 대체되면서 발생하게 된 하나의 사회적 현상일 수 있다. 몰락하는 귀족 가문이 늘어나면서 상류층들은 사람들의 존경과 부러움을 받지 못하는 존재로 전락하게 되었고, 이러한 아노미anomie 상황 속에서 동조형conformity이라는 적응양식adaptation 대신에 혁신형innovation이나 의례형ritualism, 은둔형retreat, 반항형rebellion과 같은 잘못된 적응양식을 선택하는 상류층들이 증가하게 되었다. 관련 이론 및 해당 적응 양식에 대해서는 본문에서 보다 상세히 살펴볼 것이다.

여인을 사랑하는 그 순간만큼은 자신의 마음이 항상 진심이었고, 절대 불륜으로 비난받을 일은 저지르지 않았다고 말하는 돈 지오바니! 오페라 속 엔딩 파트에서 타고난 바람둥이의 결말이 어떻게 될지 점점 더 궁금해진다. 모차르트가 살던 당시의 유럽세계와 여성 순결에 대한 사람들의 이중잣대, 그리고 상류층의 무책임한 이기적 행동을 종합적으로 이해하며 바람둥이 돈 지오바니가 맞게 될 마지막 결말을 상상해 보면 좋겠다.

돈 지오바니는 나중에 진정한 사랑을 만나 잘못된 과거를 모두 뉘우치면서 착한 남자로 변하게 될까? 아니면 인과응보 차원에서 자신보다 더 "나쁜 여자"를 만나 힘든 부부생활을 이어가게 될까? 혹은 과거에 저지른 악행 때문에 누군가가 내린 저주를 받아 큰 어려움을 겪다가 결국 중병으로 외롭게 죽음을 맞이할까?

이 작품에는 주인공 돈 지오바니 못지않게 흥미로운 여성 캐릭터 세 명이 등장한다. 독자들은 돈 지오바니를 만난 후 각기 다른 반응을 선택하게 되는 세 명의 여성 캐릭터를 만나게 된다. 이들을 통해 남녀 간의 갈등과 싸움, 인간관계에서 비롯된 배신과 분노가 어떤 방식으로 표출되어야 하는지 차분히 고민해 보는 시간을 가질 수 있다.

자신을 버린 남자를 증오하고 끝까지 복수극을 주도면밀하게 준비해 가는 **돈나 안나**, 그리고 사랑을 구걸하며 다시 자신에게 예전의 뜨거운 관심을 보여 달라고 절절히 애원하는 **엘비라**. 마지막으로 양다리를 거치며 적절하게 거리를 유지한 채 돈 지오바니와 가벼운 애정행각을 즐기고자 하는 **체를리나**까지.

2. 그에게는 분명 색다른 매력이 있다.

1787년 모차르트의 오페라 『돈 지오바니』는 스페인의 전설적인 바람둥이 '돈 후안Don Juan'의 자서전을 바탕으로 한 것이다(변왕중, 2017). 당시 이 오페라는 부도덕한 여성편력을 가진 바람둥이 남자 주인공의 모습을 보여주고, 계급사회를 무시하는 남녀 관계와 불륜 소재를 바탕으로 했다는 이유에서 큰 비난을 받았다. 특히, 무책임한 "막장 인생"의 남자주인공을 묘사한다는 이유로 당시 무대에서 상류 계급층으로부터 혹독한 비판을 받기도 했다.

18세기 계몽주의 시대에 일반인들이 가졌던 귀족들에 대한 불만과 상류층들의 모순적 행동, 그리고 부와 권력을 쥔 종교 지도자층과 상류 계층에 대한 비판을 오페라 돈 지오바니가 적나라하게 보여주었기에 사람들은 돈 지오바니를 볼 때마다 당시 상류층의 이기적 행동을 떠올렸고, 이로 인해 종교계, 군주와 귀족계급은 불편한 오페라를 완전히 무대에서 쫓아내고자 했다(이용숙, 2003).

그러나 이 오페라 작품은 이후 프라하에서 일반인들에게 큰 환호를 받았고, 상류층이 아닌 일반 시민들에게 『피가로의 결혼』 이후 큰 긍정적 호응을 얻었다. 오페라 돈 지오바니는 여성편력을 지닌 한 귀족의 방탕한 19금 이야기를 선정적으로 보여주는 데 그치는 것이 아니라, 한 개인이 느끼는 사회에 대한 저항의지를 현세에 대한 자기 선택 의지로 승화시켰다는 철학적 차원의 긍정적 평가도 받았다.

돈 지오바니의 바람둥이 행동이 또 다른 차원에서 보면 기존의 사회 분위기가 요구하는 이중적인 귀족들의 생활에 적극적으로 저항하는 솔직함을 보여주는 행동으로 보이기도 했다. 돈 지오바니가 당시 유럽 사회가 강조했던 기독교적 윤리와 속박으로부터 철저히 반항하는 새로운 개혁 의지를 지닌 사람이라는 긍정적 평가를 받는 것은 이 오페라가 마지막 장에서 보여주는 비종교적 결말 때문일지도 모른다. 종교적 구원 자체를 포기한 돈 지오바니의 결단!

구원을 거부하는 돈 지오바니의 마지막 절규는 중세 종교시대가 강조했던 신에 대한 복종과 맹목적인 내세관이 아니라, 시민혁명 시기의 인간 선택의 의미와 순수한 자유의지free will 인식을 해학적으로 녹여냈다.

오페라의 마지막 장면은 바람둥이 돈 지오바니에 대한 평가와 인상을 완전히 뒤집을 정도로 충격적이다. 인상적인 이 장면을 통해 왜 많은 여성들이 바람둥이인 줄 알면서도 돈 지오바니에게 마음을 뺏기게 되는지 짐작해 볼 수 있다. 평범한 일반 사람과는 다른 돈 지오바니의 매력을 엿볼 수 있고, 죽음 이후에도 자신의 행동을 굽히지 않는 강한 의지를 가진 남자임을 확인할 수 있다.

여성을 농락한 모든 잘못을 인정하라는 '죽은 자'의 협박에도 불구하고 돈 지오바니는 의지를 굽히지 않는다. 죽음 앞에서도 자신이 택한 삶의 방식을 당당하게 인정하는 그의 용기. 죽음 앞에서 이렇게 떳떳할 수 있는 사람이 몇 명이나 될까? 막강한 힘을 가진 저승에서 온 신비스러운 존재도 돈 지오바니를 혹독하게 비난하지만 돈 지오바니는 전혀 개의치 않는다. 오히려 자신의 행동에 대해 자기만의 방식으로 대처해 보겠다는 강한 태도를 보인다. 이런 돈 지오바니의 당당함은 그가 살았던 당시의 중세시대 분위기를 감안해 본다면 분명 시대적 저항의식과 개인의 반항아 기질을 보여준 것이라고 볼 수 있다.

3. 여성들은 저마다의 이유로 그를 사랑한다.

매번 여성을 바꿀 때마다 이것이 내 인생의 마지막 로맨스라는 마음으로 최선을 다해 자신의 절절한 감정을 표현하고 사랑을 힘껏 발산하는 남자, 돈 지오바니! 그렇다면 여성들은 이 남자를 어떻게 바라봐야 할까? 다른 사람들의 사랑은 모두 불륜으로 치부해도 본인이 하는 사랑은 항상 최고의 로맨스라고 말하며 세상 모든 여자를 향해 팔을 뻗는 이 남자. 도대체 이 남자의 머릿속에는 무엇이 들어 있을까? 왜 많은 여성들은 이 바람둥이 돈 지오바니에게 빠지는 것일까?

돈 지오바니를 향한 여성 캐릭터들의 감정을 보면 당시 유럽 사회가 갖고 있는 남녀 차별의 문제점과 여성들의 숨은 욕구에 대한 중세시대의 이중 잣대가 떠오른다.

1막에 등장하는 **돈나 안나**는 자신에게 고통을 준 돈 지오바니에게 똑같은 괴로움을 겪게 하겠다며 치밀하고도 무서운 복수를 계획한다. 반면, 2막에서 **엘비라**는 자신을 버린 돈 지오바니를 진심으로 그리워하는 모습을 보여준다. 돈 지오바니에게 화를 내며 집요하게 그를 쫓아다닌 듯 보이나, 사실 이 여성은 마음속 깊이 바람둥이 돈 지오바니를 사랑하고 언젠가는 돈 지오바니가 자신의 진심을 깨닫고 나쁜 바람둥이 습관을 버린 후 자신에게 돌아올 것이라고 믿고 있다. 흥미롭게도 세 번째 여성인 시골 처녀 **체를리나**는 착한 약혼자 마제토가 옆에 있음에도 불구하고 돈 지오바니와 '썸'을 타며 그의 구애에 마구 흔들리면서 적당히 줄타기식 사랑을 즐긴다(김정태, 1977).

모든 여성들이 나쁜 남자의 눈길에 흔들리는 것은 아니다. 그러나 오페라 속 캐릭터들은 어찌된 영문인지 돈 지오바니의 유혹에 모두 마음을 뺏겨 버리고 만다. 그리고 크고 작은 나름의 상처를 받게 된다. 문제는 떠나간 돈 지오바니를 대하는 이들의 태도이다. 떠난 돈 지오바니를 잊지 못해 마음의 병을 앓는 사람도 있고, 자신의 선택을 후회하며 잔인한 복수를 준비하는 사람도 있다. 한편으로는 돈 지오바니와 어떤 이별의 끝을 맞아야 할지 뻔히 알면서도 순간적인 쾌락을 즐기고 싶어하는 사람도 있다.

오페라 돈 지오바니가 오늘날까지 세계 많은 대중들에게 사랑을 받는 이유는 여전히 나쁜 남자 혹은 나쁜 여자 캐릭터가 우리 주변에 많고, 이들의 유혹에 넘어가거나, 모든 걸 내주는 안타까운 사람들이 심심찮게 보이기 때문일 것이다. 돈 지오바니 같은 사람을 만난 이후 때로는 떠나간 여인에 대한 분노 감정으로 잔인한 복수까지 감행하는 어리석은 사람도 많다. 세 명의 여성 캐릭터가 보이는 반응의 차이를 보며 최근 우리사회에서 심각한 사회문제로 부각된 "데이트폭력 살인" 문제와 "스토킹 범죄"의 폐해를 생각해 볼 수 있다.

II. 범죄학 이론: 억제이론, 자기통제이론, 아노미/긴장이론

지금부터 돈 지오바니의 문제 행동을 "범죄학Criminology" 차원에서 조금 더 구체적으로 살펴보기로 한다. 범죄학이란 범죄자의 행동을 체계적인 이론으로 설명하고, 문제 행동의 원인을 규명하여 적절한 범죄 대응 정책을 제시하는 학문을 말한다(황의갑 등, 2011). 돈 지오바니는 당시 중세시대에서 계몽주의로 전환되는 혼란의 18세기에 상류층에 속하는 귀족 신분으로 태어났다.

첫째, **억제이론**deterrence theory 차원에서 보면, 처벌의 엄격성severity, 확실성certainty, 신속성celerity이 있어야 개인이 가진 문제 행동이 효과적으로 억제될 수 있다. 이런 관점에서 본다면, 당시 귀족에 대한 제대로 된 공정한 형벌이 형사사법 체계 내에서 이루어지지 않았기에 돈 지오바니의 문제 행동이 제대로 억제되지 못하고 계속된 것으로 볼 수 있다.

당시 중세시대부터 특권층에 속하는 귀족이나 성직자, 왕족들에게는 상대적으로 미약한 형벌이 내려졌고, 다른 계층에 대한 형벌보다 더 느리게 처벌이 이루어졌으며, 때로는 제대로 된 재판도 일관되게 진행되지 않았다.

형벌이 제대로 집행되지 않았기에 상류층의 부패가 심각한 지경에 이르렀고, 그로 인해 계몽주의 시대에 접어들어 시민 혁명 세력이 반기를 들었다. 돈 지오바니의 여성편력이 오랜 세월 계속된 원인으로 돈 지오바니가 귀족 신분에 속하는 특권층 요소라는 점과 그로 인한 처벌 부재를 들 수 있다.

돈 지오바니의 하인 레포렐로가 호색한 돈 지오바니의 행적을 이야기하는 장면은 불공정한 형사사법 시스템과 여성들에게 정조를 강조하는 불평등한 사회 분위기를 짐작하게 만드는 대목이다. 당시 여러 나라를 넘나들며 수천 명의 여자들을 농락했으나, 돈 지오바니는 귀족이라는 이유로 처벌을 면했고, 여성 피해자들은 수치심과 부끄러움에 자신들의 고통을 상류층인 군주나 왕, 성직자에게 제대로 알리지도 못했다.

억제이론deterrence theory 차원에서 봤을 때 당시 귀족에 대한 형벌이 제대로 집행되었다면 감언이설로 여성들을 괴롭히는 부도덕한 행동은 어느 정도 억제되었을 것이다. 범죄자에 대한 삼진 아웃제three strike out와 같은 강경대응get-tough policy 방식의 형사정책이 귀족 상류층들에게 적용되었다면, 돈 지오바니의 여성편력은 달라졌을지도 모른다.

하지만 여전히 억제이론으로 돈 지오바니의 반복적 문제 행동을 완전히 설명할 수 있는 것은 아니다. 당시 모든 귀족계급이 돈 지오바니와 같은 부도덕함과 문란한 행동을 한 것은 아니었기 때문이다. 왜 유독 돈 지오바니만 엽색 행각을 반복하며 수많은 여성들에게 고통을 주고, 일시적인 신체적 쾌락에 중독되었을까? 이러한 문제 행동에 대해 자기통제이론self-control theory을 활용해 그 원인을 분석해 볼 수 있다.

둘째, **자기통제이론**Self-Control Theory은 범죄학 내에서 "일반범죄이론General Theory of Crime" 불리기도 한다. 이 이론의 핵심은 범죄자의 문제 행동이 낮은 자기통제력에서 비롯된다고 보는 데 있다Lilly et al., 1995. 본능적으로 인간은 자기중심적인 욕구를 가지고 태어나기 때문에 자신의 욕구 충족을 위해 범죄를 저지를 가능성이 높은 존재이다. 이런 존재들이 범죄를 저지르지 않는 이유는 사회화를 통해 높은 수준의 자기통제력을 기르게 되어 범죄를 억누를 수 있는 능력을 갖게 되었기 때문이다. 돈 지오바니는 귀족 신분으로 태어났으나, 어린 시절에 어쩌면 제대로 된 훈육 경험을 갖지 못해 높은 수준의 자기통제력을 갖지 못하게 된 것으로 볼 수 있다.

Crime
prevention
zone

쉽게 풀어서 설명하면, 자기통제력이란 즉각적인 본능 욕구를 지연시키는 능력이고, 일시적인 만족을 참을 수 있는 인내심을 말한다Siegel & McCormick, 2006. 아동기에 해당하는 9~10세 전후에 올바른 자기통제력을 키우지 못하게 되면, 평생 낮은 자기통제력을 갖게 되고, 범죄 기회를 마주하게 되었을 때 자기통제력이 작동하지 않아 직접적으로 범죄행동이나 부도덕한 범죄행위를 하게 될 가능성이 크다Gottfredson & Hirschi, 1990.

자기통제이론을 주장하는 사람들은 "인간은 바뀌지 않는다. 단지 범죄 기회가 바뀔 뿐이다.”라고 말한다. 따라서 즉흥적이고, 일시적인 기분이변성의 돈 지오바니는 낮은 자기통제력 수준을 평생 동안 일정 수준으로 유지하게 되고, 지속되는 자기통제력의 특성으로 인해 이성과의 관계에서 기회가 생길 때마다 여성을 농락하는 일을 반복할 수밖에 없게 되는 것이다.

우리는 저마다 자신이 원하는 인생 목표를 갖고 있다. 힘든 상황에서도 성공을 꿈꾸는 사람들이 있고, 상류층으로 태어났음에도 주어진 시간과 기회를 낭비하면서 현실에 안주하는 사람도 있다. 환경의 어려움을 극복하고 나름의 인생 계획을 달성하기 위해 최선을 다하는 사람들의 입장에서 보면, 돈 지오바니의 행동이 이해되지 않을 수 있다.

돈 지오바니를 이해하기 위해 그가 살았던 시대 상황 분위기를 새로운 눈으로 살펴봤으면 한다. 돈 지오바니는 귀족 신분으로 태어났으나, 중세시대의 견고한 독점적 지위를 시민혁명 세력에게 내주어야 하는 혼동의 과도기적 세상에 있던 사람이다. 돈 지오바니에게 당시 사회는 부모가 누리던 중세 시대의 상류층 특권은 바닥에 떨어지고, 귀족층에 대한 사람들의 차가운 시선을 견뎌야 하는 불합리한 세상이었는지 모른다. 상류층이라는 이유로 높은 수준의 도덕적 윤리의식을 요구받고, 종교계의 불합리한 겉치레를 따라야 하는 것이 돈 지오바니에게는 불만으로 작용했을 수 있다.

기득권을 내려놔야 하는 갈등의 시기에 돈 지오바니가 선택한 것은 귀족층의 정치력 재구축이나 권력의 회복, 또는 부의 재창출이 아니었다. 대신에 돈 지오바니는 “여성에 대한 탐닉”이라는 전혀 다른 방식을 택했다. 자신의 개인적 욕구에 철저히 솔직해지고, 종교적 비판도 감수해 가면서 시대에 저항하기로 결심한 것이다. 지금부터는 돈 지오비니의 문제 행동을 이해하기 위해 사회구조주의 범죄학에 속하는 아노미/긴장이론에 대해 살펴본다.

셋째, **아노미/긴장이론**Anomie/Strain theory 차원에서 보면, 자신이 추구하는 삶의 성공 목표와 제도화된 수단이 충돌할 때 긴장이라는 부정적 감정을 느끼게 되고, 이 감정이 범죄의 원인이 된다고 볼 수 있다. 삶의 성공목표와 합법적 수단이 충돌할 때 바로 “아노미”라는 무규범 상태가 만들어지고, 여기에서 개인들은 긴장이라는 부정적 감정을 느껴 문제 행동을 저지르게 된다고 본다.

상류층 신분이었으나, 기존의 신분 제도가 점차 와해되고 자신들이 원하는 권력을 유지하지 못하게 된다는 두려움이 생기게 되면서 어쩌면 돈 지오바니는 동조형 conformity, 혁신형innovation, 의례형ritualism, 은둔형retreat, 반항형rebellion이라는 적응 양식 중 "은둔형"을 택한 것인지도 모른다. 은둔형은 문화적으로 요구되는 성공 목표를 버리고, 합법적 수단도 포기해 버린 적응양식을 말한다. 한편, 돈 지오바니에게는 나름의 새로운 세계를 꿈꾸던 "반항형" 스타일의 퇴폐적 향락주의 기질이 있었다. 반항형에는 새로운 자신만의 세계를 꿈꾸고 독특한 성공목표를 설정하면서 불법과 합법 영역을 넘나드는 다양한 수단을 활용하는 혁신가들이 많다.

아노미/긴장이론 입장에서 보면, 돈 지오바니는 군주나 귀족, 성직자가 가져야 할 당시의 관습적인 성공 목표를 포기하고, 자신의 초라한 모습을 잊기 위해 부도덕한 수단(여성 탐닉)에 의지하여 현재의 괴로움을 잊으려고 하는 잘못된 적응양식을 택했다고 볼 수 있다.

돈 지오바니는 권력에 집착한 힘 있는 보수 군주 계층도 아니었고, 그렇다고 신흥세력과 함께 프리메이슨 사상Freemason이나 계몽사상에 심취한 진보적인 귀족도 아니었다. 어떠한 경우에도 권력과 재력, 힘을 최고조로 만들 수 있는 최상급의 계층이 될 수 없다는 것을 알았기에 돈 지오바니는 자신의 노력으로 완벽한 성공을 거둘 수 없는 '그저 그런 평범한 귀족'으로 모든 것을 내려놓아야 할 처지에 있었다. 자신의 권세와 부귀가 약해져 가는 현실을 바라봐야 했기에 그것은 분명 돈 지오바니에게는 괴로운 일이었을 것이다.

오페라 돈 지오바니를 만든 작곡가 모차르트와 대본가 로렌초 다 폰테에게 어떤 방식으로 돈 지오바니의 문제 행동을 보여주고 싶었는지, 그 의도를 묻고 싶다. 그리고 돈 지오바니에게 가장 잘 어울리는 범죄학 이론은 무엇이라고 생각하는지 묻고 싶다. 이 오페라를 만든 두 명의 천재 창작가는 시민혁명의 주체가 된 신흥 엘리트 부르주아의 눈으로 중세 절대 왕정의 계급사회를 비판하려고 한 것은 아닐까?

오페라 돈 지오바니는 한 개인의 삶과 선택을 단순히 술과 여자에 탐닉한 나태한 귀족의 망가진 이야기가 아니라, 중세 절대왕정의 권력남용과 남녀 차별 및 계급제도의 모순을 지적하며 이에 저항하고자 하는, 한 향락주의자의 의지를 보여주려고 한 작품이다.

돈 지오바니는 2막으로 이루어진 오페라이다. 마지막 결론 부분에 해당하는 2막에서 돈 지오바니는 사랑을 잊지 못해 여성 스토커로 변신한 엘비라를 따돌리려고 한다. 돈 지오바니를 부러워하면서도 비난하는 하인 레포렐로가 등장하는데, 2막에서 돈 지오바니는 하인과 옷을 바꿔 입는 비겁한 행동까지 하면서 엘비라를 따돌린다.

한편, 돈나 안나의 복수심은 계속 커져만 가는 상황에서 놀랍게도 허세를 부리던 돈 지오바니에게 "묘지 안에 있던 죽은 기사장 석상"이 나타나게 된다. 오페라의 마지막은 현세의 규칙이나 형벌로는 범죄자 돈 지오바니를 제대로 처벌할 수 없기에 내세 속 귀신을 통해 권선징악의 진지함을 극대화시키려고 한다.

지옥으로 떨어지는 돈 지오바니의 마지막 모습을 보여주며 오페라 돈 지오바니는 "권선징악"이라는 당시 관중들의 기대를 한껏 최고조로 올려 버린다. 그러나 그 숨은 이면에서 형벌이 한 개인에게 미치는 영향과 인간 본성의 특징, 그리고 자유의지가 가진 의미를 새롭게 통찰해야 한다고 말한다. 오페라의 막을 내리기 전 돈 지오바니를 통해 모차르트가 우리에게 묻고 있는 것은 '진정한 자유의지가 돈 지오바니에게 있느냐' 하는 것이다.

죽은 기사장의 참회 요구를 거부한 돈 지오바니는 결국 '교정될 수 없는'incorrigible 희대의 향락주의자에 지나지 않는 것인가? 아니면 돈 지오바니는 죽음도 두려워하지 않고 사회규범의 요구에 반기를 들며 회개와 타협을 거부한 진정한 '자유의지' free will를 가진 용기 있는 사람으로 평가되어야 할까?

이제 마지막으로 오페라 돈 지오바니에 등장하는 여성 캐릭터들의 이야기로 이번 장을 마무리하고자 한다. 왜 엘비라는 돈 지오바니를 잊지 못하고 끝까지 그를 붙잡은 걸까? 왜 신부 체를리나는 새신랑을 옆에 놓고도 나쁜 남자 돈 지오바니의 유혹에 흔들렸을까? 그리고 왜 돈나 안나는 다른 여자들과 달리, 복수를 위해 처절하게 애쓰며 끝까지 돈 지오바니를 뒤쫓았을까?

사실, 우리 대부분은 나쁜 남자(혹은 여성)를 두려워한다. 자신에게 해로운 나쁜 이성 상대를 만나게 되면, 첫눈에 상대의 단점을 찾아내 사랑에 빠지지 않으려고 무의식적으로 노력하게 된다. 혹시라도 마음을 뺏기게 되더라도 다른 사람들과 달리 자신은 버림받지 않을 것이라고 자신의 감정을 합리화하기도 한다. 우연히 나쁜 인연을 접하게 될 때, 흔들리는 자기 자신을 보고 혼란스러워 하게 되는 경우가 많다.

상대방에게 배신당했을 때, 누구나 자신의 슬픔과 고통에 대해 다양한 해석을 하고, 결국 수많은 선택 중 본인에게 가장 적절한 한 가지 선택을 하게 된다. 누군가는 건강한 방법으로 그 괴로움을 치유하고, 누군가는 시간을 그냥 속절없이 흘려 보내기도 하고, 누군가는 엘비라 혹은 돈나 안나처럼 행동하기도 한다.

여성들뿐만 아니라 남성들도 마찬가지이다. 이성에게 버림받았을 때 우리는 오 페라 돈 지오바니에 등장하는 여성 캐릭터들과 비슷한 행동을 하게 된다. 피해자의 입장에서, 그리고 남겨진 사람의 입장에서 어떻게 떠난 상대방을 이해하고, 남겨진 내 인생의 무대를 아름답게 꾸며 갈 것인가를 고민해 봐야 할 것이다. 모차르트의 오페라 돈 지오바니를 통해 내가 했던 선택들, 혹은 내가 관찰했던 누군가의 행동 들을 되돌아보는 시간을 가졌으면 좋겠다. 내가 누군가에게 "돈 지오바니" 같은 모 습으로 기억되고 있는 것은 아닐까? 혹은 내가 다른 누군가에게 돈나 안나(혹은 엘비 라나 체를리나) 같은 존재로 남아 있지는 않은가?

Ⅲ. 오페라 『돈 지오바니』 파헤치기

모차르트의 오페라 '돈 지오바니'는 모차르트만이 만들어 낼 수 있는 독특한 아 리아들이 많은 화려한 선율의 오페라 작품이다. 이 오페라는 음악선율로 희대의 호 색한 돈 지오바니가 여자를 유혹할 때 쓰는 나쁜 행실들을 묘사하고 결국 지옥으로 끌려가 벌을 받는 권선징악의 스토리를 보여준다.

오페라의 시작부터 돈 지오바니는 보이지 않고, 그의 하인 레포렐로만이 무대에 등장한다. 하인은 여자를 유혹하기 위해 여자의 집에 들어간 돈 지오바니를 기다린 다. 레포렐로는 하필이면 이런 주인을 만나 그 뒤처리를 하느라 힘들다며 불평을 늘어놓고 있다. 돈 지오바니는 이미 약혼자가 있는 돈나 안나를 유혹하기 위해 그 녀의 가짜 약혼자로 위장하여 그녀의 집에 침입하기도 한다.

돈 지오바니에게 약혼자가 있는 여자를 유혹하는 일은 이상한 일이 절대 아니 다. 레포렐로가 부르는 노래를 들으면, 돈 지오바니는 시골 처녀에서부터 백작의 딸, 공주까지 유혹하고 다니며 그 여자들의 수가 스페인에서만 천 명이 넘었다고 자랑하고 다닌다는 내용이 나온다.

한편, 돈나 안나는 돈 지오바니가 약혼자가 아닌 것을 알아차리고 도움을 요청 한다. 그녀의 아버지가 달려오게 되고 돈 지오바니는 그녀의 아버지와 벌인 싸움에 서 그를 죽이게 된다. 주인공 돈 지오바니가 살인을 저지르게 된 것이다. 이 사건 으로 인해 돈나 안나와 그녀의 약혼자는 돈 지오바니에게 복수를 결심하고 돈 지오바니는 범죄 사건 이후 줄행랑을 치게 된다.

돈 지오바니는 살인이라는 범죄를 저지른 후에도 뉘우침 없이 쉬지 않고 여자를 유혹한다. 그러던 중 자신이 예전에 유혹했던 한 여성과 만나게 되고, 돈나 안나의 일행과도 부딪히게 된다.

이때 돈 지오바니는 또 다른 문제 행동을 저지르게 된다. 자신을 위해 성실히 일하던 하인 레포렐로에게 자신의 옷을 입혀 자신은 도망을 치고 하인에게 모든 책임을 떠넘기는 비겁한 행동을 한 것이다. 결국 돈 지오바니는 자신이 죽인 돈나 안나의 아버지의 망령에게 이끌려 지옥 불 아래로 내려가게 된다.

돈 지오바니의 나쁜 행실은 어떤 이유에서든 변명의 여지가 없다. 귀족으로 태어나 부족할 것 없는 생활을 했던 돈 지오바니는 자신의 쾌락을 위해 여자들을 유혹하고 다녔다.

합리적 선택이론에 따르면 인간은 어떤 행동을 결정하기 전에 자신이 하려고 하는 행동이 장래에 자신에게 줄 이익과 불이익을 따져보는 존재로 볼 수 있다. 자신이 받을 이익, 곧 즐거움이 불이익보다 클 경우에 그 행동을 계속하게 된다. 돈 지오바니가 여성들을 유혹한 후 배신하고 다른 남자의 여자를 겁탈할 때에도 그는 자신의 행동이 초래하는 잠재적 결과에 대해 어느 정도 생각을 했을 것이다. 그가 끊임없이 그런 문제 행동을 하고 다니는 것은 본인의 나쁜 행실과 범죄에도 불구하고 크게 처벌받지 않고 순간의 쾌락을 얻을 수 있을 것이라는 기대가 있었기 때문이다. 그의 행동을 내면에서 제어할 수 있는 충분한 잠재적 비용cost 제약이 없었던 것이다.

만약 그의 나쁜 행실로 그가 받았을 불이익이 매우 컸다면 돈 지오바니는 한 번 더 고민했을지 모른다. 잠재적 이익이나 쾌락보다 예측되는 처벌의 고통이 더 컸다면, 그렇게 계속해서 나쁜 행실을 하지는 못했을 것이다. 이것이 바로 억제이론에서 주장하는 내용이다. 억제이론에서는 범죄로 인해 얻는 불이익이나 고통이 크면, 범죄자는 자유의지와 합리적 선택에 의해 범죄를 포기할 가능성이 크다고 본다. 억제이론에서 제시하는 범죄로 인한 불이익은 형벌인데, 강력하고 확실한 형벌이 존재하는 경우 잠재적 범죄자의 범죄의 욕구를 미연에 억제하게 되는 것이다.

돈 지오바니가 살던 시대에도 분명 나름의 공식적 형벌 제도가 존재했다. 중세시대에는 오늘날보다 형벌이 더욱 잔인하고 강력한 면도 있었다. 그러나 문제는 엄격한 형벌은 존재했지만, 그 형벌이 계급에 따라 불공평하게 집행되면서 확실성 certainty을 결여한 채 운영되었다는 것이다. 확실성이란 형벌이 일관되게 적용되고 안정적으로 운영되어 모든 사람에게 공평하게 집행되는 것을 말한다.

귀족이라는 이유로 처벌을 받지 않는다면 그 형벌은 확실성이 부족한 것이다. 돈 지오바니는 아마 살인을 저지르기 이전에 이미 수많은 여자들에게 부도덕한 행동이나 불법 행동을 저질렀을 것이다. 과거 행동들에 대해 제대로 처벌받지 않았고, 별 문제 없이 풀려나는 경우가 많았다고 볼 수 있다. 여성 피해자가 피해사실을 정확히 밝히지 않으면서 법망을 피해 나가는 경우도 많았을 것이다.

오늘날에는 형벌의 엄격함severity과 함께 처벌의 확실성certainty이 중요한 범죄억제 요소로 강조되고 있다. 그리고 처벌의 신속성celerity에 대한 논의도 계속되고 있다. 하지만 오늘날의 형사사법 시스템에서도 모든 범죄행위를 억제이론으로 설명하지는 못한다. 일부 범죄행위는 억제이론의 전제인 합리적 인간관으로 설명이 불가능하기 때문이다.

돈 지오바니 이외의 다른 오페라 작품을 감상하며 앞으로 합리적 선택 철학이 아닌 다른 범죄학 패러다임(실증주의, 상호작용주의, 비판주의, 통합주의)으로 오페라 캐릭터들의 문제 행동 원인을 다양한 관점에서 탐색해 보도록 한다.

1. 합리적 선택이론에서 설명하는 것처럼 인간은 실제로도 특정 행동의 결과에 대한 이익과 불이익을 따져보고 항상 그 잠재적 결과에 따라 행동을 하게 될까요? 주관적인 사고 과정 자체가 "합리적"이지 않은 경우에는 어떻게 해야 할까요?

2. 돈 지오바니가 했던 것처럼 다른 사람에게 자신의 죄를 떠넘기는 사람에 대해 어떤 설명을 할 수 있을까요? 단순한 자기방어 기제일까요? 1957년에 싸이키스와 맛짜(Sykes & Matza)가 발표한 "중화기술 이론(Neutralization Techniques)"에 대해 이야기해 봅시다.

3. 억제이론에서 설명하는 대로 형벌이 범죄 억제효과로 작용한다면 사형은 과연 범죄의 억제효과가 얼마나 될까요? "폭력의 둔감화 효과(Desensitization to Violence)"에 대해 이야기해 봅시다.

오페라 이해하기

1. 오페라 돈 지오바니에는 돈 지오바니가 살인범죄를 저지르는 장면이 있습니다. 돈 지오바니의 살인은 경제적 목적을 위해서가 아닌 자신의 쾌락추구를 위한 것이었습니다. 쾌락을 위해 돈 지오바니가 오페라 속에서 저지른 추가적인 범죄행위를 모두 나열해 본다면 어떤 것들이 있을까요?

2. 우리가 살고 있는 현대사회에서도 돈 지오바니가 저지른 범죄와 유사한 범죄 사례들이 있습니다. 오페라의 배경이 되는 당시 시대와 현대사회에서의 보호법익 및 가치관의 차이를 비교, 설명해 봅시다.

3. 돈 지오바니가 쾌락을 목적으로 반복해서 범죄를 저지르는데, 이 행동을 막기 위해서는 어떤 방법을 써야 가장 효과적일까요?

4. 오페라의 주인공 돈 지오바니와 같이 사회적으로 높은 지위를 가진 사람들의 범죄는 일반적인 범죄에 비해 잘 드러나지 않는다는 특징이 있습니다. 왜 그럴까요? 이렇게 발각되기 어려운 범죄는 어떻게 처벌해야 할까요?

5. 만약 여러분이 오페라 속 돈 지오바니의 하인 레포렐로라면, 돈 지오바니가 모든 죄를 뒤집어씌우는 억울한 상황에서 여러분은 어떤 조치를 취할까요?

● 아… 그렇구나!

　〈돈 지오바니〉에서 주인공인 돈 지오바니는 많은 여자들을 유혹하느라 바빠서 제대로 된 "아리아"를 부르지 못합니다.

　오페라에서 "아리아"란 연극의 독백에 해당하는 것으로, 오페라에서 등장인물이 무대에서 혼자 노래를 하는 장면으로 오페라의 꽃이라고 할 수 있습니다.

　진정한 사랑에 대해 알지 못하는 돈 지오바니에게 모차르트는 제대로 된 아리아 조차 만들어 주지 않은 듯합니다. 돈 지오바니에서 여러분이 좋아하는 곡은 무엇일까요?

● 오페라 용어

- 아리아: 등장인물이 무대에서 혼자 노래를 하는 장면
- 레치타티보: 아리아처럼 독립된 한 곡의 노래는 아니지만, 극을 진행시키기 위해서 대사를 노래형태로 부르는 부분
- 아리아가 등장인물의 개인적인 감정을 노래하는 부분이라면, 레치타티보는 극의 상황과 줄거리의 전개를 객관적으로 설명하는 장면에 해당합니다.[1]

---

1 김학민(2002) 책 《오페라 읽어주는 남자》 中

마술피리:
실증주의,
생물학적 범죄학,
생물사회학 모델

나는 엄마와는 달라요. 절대 엄마의 길을 따르지 않을 거예요!

마술피리: 실증주의, 생물학적 범죄학, 생물사회학 모델

나는 엄마와는 달라요. 절대 엄마의 길을 따르지 않을 거예요!

사랑하는 나의 딸아, 엄마를 위한다면 그 사람을 죽여라!
네가 살인을 하지 않으면, 너는 더 이상 내 딸이 아니다. 이 사실을 명심해라!

- 오페라 마술피리 밤의 여왕 아리아 中

Ⅰ. 딸은 왜 엄마의 기대를 저버리는가?: "마술피리" 이야기

1. 자식은 부모와 유전적으로 비슷하다?

모차르트의 마술피리는 스토리 반전이 계속되는 보기 드문 "판타지 스릴러 오페라Fantasy Thriller Opera"이다. 거기다가 상류층의 전유물로 여겨졌던 오페라가 서민들과 아이들을 위한 오페라로 변신하면서 기존의 오페라 양식과는 아주 다른 징슈필Singspiel이라는 새로운 오페라 양식을 선보인다.

징슈필은 상류층들이 좋아했던 이탈리아어 대신 서민들이 주로 사용하는 독일어를 바탕으로 한 오페라 작품이고, 화려한 무대 대신 소박한 무대 장치 속에서 연극처럼 공연 중간중간에 대사가 삽입되는 일종의 노래극이라고 할 수 있다. 이러한 징슈필은 철저하게 서민들을 위한 새로운 오페라 장르에 속한다고 볼 수 있다.

오페라 차원에서 보면, 밤의 여왕이 부르는 유명한 곡을 통해 관객들은 과거 어떤 작품에서도 보지 못했던 아름다운 인간 목소리의 정수를 감상할 수 있다. 바로 "콜로라투라"라는 기법인데, 여자 소프라노 가수가 엄청나게 빠른 박자 속의 높은

음을 반복해서 극도의 분노와 긴장감을 표출해야 하는 최고의 음악적 기교에 해당한다. 유명한 여자 소프라노 가수라 하더라도 함부로 "밤의 여왕" 아리아를 부를 수 없는 이유가 여기에 있다.

"마술피리" 오페라의 주인공인 밤의 여왕과 딸 **파미나**는 끊임없이 갈등하는 모습을 보여준다. 모녀 사이의 상충된 가치관과 오해, 갈등관계를 보면서 마치 딸 파미나가 "난 엄마처럼 살고 싶지 않은데, 왜 엄마는 나에게 강요만 하나요. 나를 사랑한다면서 왜 내가 원치 않는 삶을 강요하나요?"라고 소리치는 듯하다.

이번 장에서는 실증주의 범죄학Positivism Criminology 패러다임에 속하는 생물학적 범죄학 이론을 검토하고, 딸 파미나와 엄마 **밤의 여왕**이 다투는 이유에 대해 살펴볼 것이다. 왜 딸 파미나는 엄마와 전혀 다른 결정을 하게 되었을까? 왜 엄마가 간절히 요구하는 일을 거부했을까?

범죄학 이론을 살펴보기 전, 먼저 작곡가 모차르트가 어떤 의도에서 엄마와 딸의 갈등관계를 오페라 "마술피리"의 큰 모티브로 삼았는지 생각해 볼 필요가 있다. 당시 기득권 세력에 반기를 들고자 젊은 친구들과 비밀지식 결사대를 조직했던 모차르트는 밤의 여왕을 자신이 어린 시절에 믿었던 거짓으로 가득찬 기득권 세력이라고 생각했다.

모차르트는 일반 사람들에게 자신이 믿었던 기존의 "가치관과 윤리"가 어쩌면 진정 믿어야 할 진실이 아니라고 말하고 싶었는지도 모른다. 기존의 종교 세력과 힘 있는 왕권 세력들이 교묘하게 사람들을 세뇌시켰다는 것을 알리고 싶었던 것이다. 즉, 모차르트는 유럽 중세 시대의 기득권들이 보였던 부패와 타락에 많은 사람들이 분노를 느끼고, 용기를 내서 종교 세력과 왕권에 반기를 들기를 바랐던 것이다.

그러나 자신의 기획 의도를 겉으로 그대로 표현하게 되면, 자칫 기존 세력의 분노를 사게 될 위험도 있고, 종교계의 "검열"에 걸려 작품 자체가 무대에 오르지 못할 위험도 있었다. 따라서 모차르트는 교묘하게 자신의 의도를 작품 곳곳에 숨겨두는 보물찾기 전략을 만들었다. 검열에 걸리지 않도록 간접 광고 형식으로 자신이 전달하고자 하는 메시지를 우회적으로 표현한 것이다. 많은 사람들이 새로운 진실을 깨닫게 되기를 바라는 마음에서 모차르트는 "딸"의 입장에서 "엄마"의 권한에 정면 도전하는 스토리를 만들었다.

표면적으로 보면, "마술피리"라는 작품은 아이들과 함께 즐길 수 있는 가벼운 오락용 가족 오페라이다. 신나는 멜로디 음악과 환상적인 마술피리의 모험 이야기가 즐거운 아동용 오페라 작품처럼 보인다. 그러나 그 내면에는 엄청난 비밀이 숨겨져 있고, 제작자의 숨은 의도가 검열을 피하기 위해 매우 간접적으로 표현되어 있다.

모차르트의 음악을 들으며 딸 파미나가 엄마와는 전혀 다른 삶의 길pathway을 걷게 되는 긴 여정을 같이 경험해 보도록 하자. 이것은 마치 젊은 세대들이 어른들이 원하는 방향에서 조금씩 이탈해 가며 자신만의 진실을 추구해 가는 자기 정체성 확립하기를 보여주는 것과 비슷해 보인다. 용기 있는 행동이지만, 위험을 감수해야 하는 스릴 넘치는 위기상황을 견뎌내야만 한다. 힘 있는 기존 세력에 대항하여 새로운 세상을 개척할 것을 요구하는 모차르트의 생각은 딸 파미나를 응원해 달라는 제작자의 숨은 의도와도 맥을 같이한다.

또한, 기존 권력에 대항하기 위해서는 "철학자"와 같은 진지한 자세가 필요하다. 시민들의 새로운 자기정체성 인식을 기대했던 모차르트는 오페라 마술피리에서 바로 밤의 여왕과 맞서는 캐릭터로 "철학자"를 만들어 냈다. 즉, 유럽 중세시대의 왕권과 종교 권력에 당당하게 맞서기 위해서는 무조건 폭력으로 대응하는 사람이 아니라, 세심하게 계획하고 행동 전에 불합리함을 먼저 사유하는 사람이 필요하다고 봤다. 단단한 기존 세력을 와해시키려면 철학자와 같은 인내와 고민이 필요하다고 본 것이다.

오페라 마술피리는 화려한 무대장치를 요구하는 것도 아니고, 귀족층이 즐겨듣는 전통 클래식 선율을 들려주는 것도 아니다. 지금의 기준으로 말하면, 일반 서민들이 편하게 들을 수 있는 민요나 연극 등을 혼합한 뮤지컬 스타일의 대중 오페라일 뿐이다. 그러나 제작자가 보여주고자 하는 숨은 의도는 사회변화와 혁신을 꾀하는 매우 심오한 내용을 담고 있다.

겉에서 가볍게 오페라를 보면, 왕자가 피리를 불면 판타지 마술과 같은 일이 일어난다는 동화 같은 이야기로 보인다. 이 오페라는 주인공이 갑자기 엄청난 능력을 갖게 되는 히어로 스타일의 영화와 비슷하다고 볼 수 있다. 그래서 모험담 자체가 아이나 어른, 서민층과 상류층 모두에게 큰 부담감 없이 쉽게 큰 호응을 불러일으킨다. 즉, 오페라 "마술피리"는 세월이 지나도 연령과 신분에 상관없이 모든 사람들이 함께 즐길 수 있는 대중적인 오페라임이 분명하다.

일단 마술피리가 오락적인 요소를 잘 갖추고 있다는 것을 알았다면, 이제는 범죄학 이론을 통해 작곡가가 의도했던 오페라 속 주인공들의 사회 변화 개혁 의지가 문제 행동 발생 및 억제 차원에서 어떤 요인에 영향을 받았는지 심도 있게 살펴보도록 하자. 타고난 기질과 환경적 요인이 모두 한 사람의 의사결정에 종합적으로 영향을 미치는 것으로 볼 수 있는데, "생물학적 범죄학" 관점에서 기질적 소인이 얼마나 큰 영향을 미치게 되는지 살펴보도록 한다.

생물학적 범죄 이론에 앞서 오페라 마술피리가 가지고 있는 작품 자체의 특징과 줄거리를 짧게 소개하면 다음과 같다. 마술피리의 등장인물을 먼저 간략히 요약하면, **타미노**라는 착한 이집트 왕자가 주인공으로 나온다. 왕자 옆에 항상 익살꾼 조연이 등장하는데, 그 조연 캐릭터가 바로 그 유명한 **파파게노**이다.

왕자 타미노는 파파게노의 도움을 받아서 여왕의 딸인 **파미나**를 구하려고 한다. 밤의 여왕이 부탁한 대로 **자라스트로**로부터 파미나를 구출하기 위해 대장정을 떠나고 목숨을 건 모험을 떠난다는 것이 오페라 마술피리의 시작이다. 하지만 오페라는 여기에서 끝나지 않는다. 바로 커다란 반전이 기다리고 있는데, 밤의 여왕이 딸을 납치당했다는 이야기가 이후 모두 거짓으로 밝혀진다는 점이다. 딸을 잃은 불쌍한 엄마로 밤의 여왕을 봤다면, 큰 오산이다. 실은 납치범이었다고 생각한 사람(철학자)은 딸을 위험한 엄마로부터 구해 준 고마운 사람이었다.

왕자는 당혹감을 느끼게 되는데, 여기에서 또 한 번의 반전이 나오게 된다. 바로 납치를 당한 줄 알았던 밤의 여왕의 딸 파미나의 태도가 예상과는 완전히 다르게 변해 가는 것이다. 오페라 마술피리에 등장하는 여왕의 딸 파미나는 엄마의 기대와는 달리 자신을 납치한 철학자 자라스트로의 편에서 상상할 수도 없는 큰 반전을 만들어낸다.

파파게노의 도움으로 자라스트로의 성을 탈출한 딸 파미나는 원래 엄마의 요구에 따라 자라스트로를 살해하고 엄마의 복수를 대신해야 할 처지에 놓였다. 엄마의 강력한 요구에 철학자를 죽여야 할 상황임에도 불구하고, 반대로 파미나는 자라스트로에게 엄마의 "살인 교사" 사실을 그대로 알리게 된다. 그리고 자신의 엄마가 악행을 저지르는 것을 부디 용서해 달라고 철학자 자라스트로에게 부탁한다.

보통 엄마와 딸은 그 누구보다 가까운 사이이고, 유전적으로 낯선 타인보다는 더 기질이 비슷하다고 할 수 있는데 왜 딸 파미나는 전혀 다른 행태를 보이는 것일까? 엄마의 사랑을 받기 위해서 딸의 입장에서 당연히 엄마의 요구에 따라야 할 것 같은데, 파미나는 어떻게 당당히 자신의 의사를 소리 높여 이야기할 수 있는가?

오페라 "마술피리"에서 "부모"라는 캐릭터는 당시 유럽 사회에서 최고로 높은 지위에 있던 왕권과 기독교 세력을 상징하는 것이었다. 그들이 저지르는 불합리한 범죄행위와 비윤리적 행동이 일반 서민들에게 마치 옳지 못한 일을 강요하거나 잘못된 일에 침묵하게 만든 것과 유사하다고 보았다. 중세시대 하류층들은 계급사회에서 기득권에 속한 왕족과 종교계가 저지르는 무수한 만행에 아무 저항도 하지 못하고 복종할 것을 강요받는 경우가 많았다. 오페라 "마술피리"는 이러한 상황에 대해 밤의 여왕과 딸 파미나의 갈등 장면을 이용해 관객들이 상류층의 부패와 범죄를 제대로 인식할 것을 기대했다.

중세시대 하류층들은 천국에 가기 위해, 그리고 왕의 땅에서 농사를 짓기 위해 기득권 세력의 부정부패에도 당당하게 목소리를 낼 수 없었다. 다시 말하면, 범죄를 저질러 악의 여왕으로 성장해야 하는 딸 파미나의 용기 있는 행동은 기득권 세력이 만든 세상에서 일반인들이 느낄 수 있는 안위와 타협을 거부하는 것이기도 했다.

어둠의 세계를 지배하는 엄마("밤의 여왕")를 배신하고 적군에 해당하는 자라스트로 쪽에 서는 모습은 당시 신흥 엘리트 지식세력이 중세시대의 가치관을 무너뜨리고 은밀히 부패한 왕권과 종교계에 저항하려고 했던 것과 맥을 같이한다. 착한 '철학자'의 길을 선택하게 된 파미나의 마음은 새로운 세상을 꿈꾸었던 당시 "프리메이슨" 창시자들의 마음과도 같은 것이었다.

그렇다면 어떻게 오페라 마술피리에서 어린 파미나는 엄마의 부탁과 협박에도 굴하지 않고 용기를 내서 철학자 자라스트로의 편에 당당히 설 수 있었을까? 엄마와 결별하지 않고 밤의 여왕으로 엄마처럼 살아가면 더 편하지 않았을까? 우리는 인생을 살아가면서 부조리한 사회 문제를 보게 되었을 때, 딸 파미나처럼 당당하게 자신의 의지를 행동으로 관철시킬 수 있을까? 만약 실제 생활에서 부모님과의 갈등 상황이 일어난다면, 딸 파미나와 같은 행동을 부모님에게 할 수 있을까?

이번 장에서는 엄마와 딸이 가진 유전적 기질의 공통점과 환경적 경험 차이, 그리고 개인이 갖고 있는 자유의지free will의 의미를 생각하며 생물학적 범죄학 이론을 배우는 데 초점을 두도록 한다. 이를 통해 독자들은 범죄학 차원에서 오페라 마술피리가 가진 전혀 다른 매력을 배우게 될 것이다.

단, 오페라 "마술피리"의 숨은 의도를 알았다 하더라도 무조건 시대 개혁을 요구하는 무거운 오페라로 이 작품을 대하지 않았으면 한다. 오페라 마술피리는 분명 서민들을 웃게 만드는 당시 최고의 유머 코드가 가득한 작품이고, 남녀 간의 사랑과 모험이 가득한 재미있는 희극 오페라에 속한다. 모녀 사이의 갈등을 최고조로 보여주는 막장 가족드라마이기도 하기에 "살인교사" 차원에서 스릴러형 스토리가 재미를 더하는 작품이기도 하다. 부디 오페라가 가진 오락적 요소와 아름다운 선율을 놓치지 않으면서 제작자의 숨겨 둔 의미를 떠올리는 재미를 모두 느껴 보기 바란다.

밤의 여왕이 파미나를 낳은 엄마라면, 어느 정도는 유전적으로 엄마와 딸은 기질이나 성격 면에서 서로 유사한 점이 많다고 볼 수 있다. 예외적인 경우도 있지만, 가족 간에는 분명 유전적으로 유사한 소인이 많다. 낯선 사람들보다 상대적으로 더 유사한 기질적 특징이 가족들 간에 많다고 하겠다. 생물학적으로 공격성이 높은 사람들은 태어날 때부터 부모로부터 특정 폭력성 기질을 물려받아 더 범죄를 저지를 가능성이 높다고 보는 생물학적 이론도 존재한다. 실제 19세기 범죄학자 롬브로소에 의해 "생래적 범죄인설Born Criminal"이라는 개념이 만들어지기도 했다.

타고난 기질을 버리고 나중에 만나게 된 자라스트로의 사상에 노출되면서 엄마 대신 철학자 자라스트로를 선택한 파미나는 유전보다 환경에 더 큰 영향을 받았다고 볼 수 있다. 이러한 결말을 범죄학적으로 어떻게 설명해야 할까? 범죄자의 기질이나 성향이 타고난 것이 아니라, 성장하면서 계속 바뀌는 것이라면 생물학적 소인보다 환경적 요소의 영향을 가지고 범죄학 이론을 만드는 것이 더 타당한 것은 아닌가?

이와 유사한 맥락에서 정상적인 부모 밑에서 건강하게 태어난 아이도 범죄 성향이 짙은 환경 속에서 성장해 간다면, 범죄자가 될 가능성이 크다는 주장도 가능하다. 유전적 기질보다 항상 환경적 요인이 더 중요하다고 본다면 나쁜 환경에 노출된 유기체는 항상 주변에 영향을 받아 문제 행동을 할 수밖에 없다. 거꾸로 출생이후의 환경적 변수만 변화시키면 모든 범죄를 막을 수 있으므로 생물학적 이론을 근거로 한 의료모델 교정활동(일명 "화학적 거세"로 알려진 성충동 약물치료 등)은 불필요하다고 하겠다.

이러한 질문의 답을 구하려고 노력하는 범죄학자들이 바로 "생물학적 범죄학파"에 속한다. "타고난 기질 대 후천적 양육방식Nature vs. Nurture"이라는 논쟁이 범죄학에서 처음 시작된 것도 바로 이들에 의해서라고 볼 수 있다.

오페라 마술피리를 감상하면서 생물학적 소인이 범죄행동에 얼마나 큰 영향을 미치는지 살펴보고, "생물사회학Bio-Sociology"이라는 최근의 통합적 접근방식이 어떤 방식으로 변화되어 가고 있는지 고민해 보자.

오페라 차원에서 이야기하면, 모차르트의 "마술피리"는 18세기 천재 작곡가 모차르트가 만든 다른 작품과는 전혀 다른 색다른 음악 스타일을 보여준다. 그가 생전에 발표했던 3대 오페라 "세비야의 이발사", "돈 지오바니", "코지 판 투테"와 완전히 스타일이 다르다고 볼 수 있다. 아마도 그 이유는 마술피리가 철저히 일반 서민들을 대상으로 한 오페라이기 때문일 것이다. 오페라 작품은 원래 귀족들의 전유물이었고, 오랜 기간 유럽에서 상류층 관객들의 욕구와 유머 코드에 맞게 제작되었다.

모차르트는 평생 왕족들과 귀족들을 위해서 곡을 만들었던 천재 작곡가이다. 하지만 본인이 진정 원했던 일은 자신이 속한 중류층 사람들과 하류층 서민들이 함께 즐길 수 있는 클래식 음악을 만드는 것이었는지 모른다. 귀족층이 아닌 서민들 코드 눈높이에 맞는 음악을 선보이는 것이 그의 꿈이었기에 개인적으로 가장 공을 들였던 작품이 오페라 마술피리일 수 있다. 대중적 오페라라는 점 때문에 상류층들은 마술피리의 가치를 고전적인 오페라보다 한 수 낮은 것으로 치부했으나 지금까지도 이 작품은 전 세계에서 가장 사랑받는 오페라 중의 하나가 되었다. 분명한 것은 이 작품이 프랑스 혁명기 계몽주의 시대의 진보적 시대정신을 가장 적나라하게 잘 대변했다는 점이다.

오페라 마술피리는 클래식 경험이 없는 서민들도 쉽게 아이들과 함께 즐길 수 있는 멜로디와 줄거리를 갖고 있다. 처음 계획 의도부터 일반인들이 좋아할 만한 스토리를 찾아야 할 명분이 확실했기에 모차르트는 당시의 베스트셀러라고 할 수 있는 서민들의 구전 동화집에서 오페라의 주제를 잡았다. 처음에는 다소 황당무계한 판타지 소설처럼 보이지만, 친숙한 동화집 속 구전 이야기는 오페라가 대중적 인기를 끄는 데 큰 공헌을 했다. 마술피리는 음악뿐만 아니라 스토리 차원에서 서민들의 눈높이에 딱 맞아야 한다는 의도가 있었기 때문에 전통적인 귀족층 오페라와는 다른 줄거리를 갖고 있다고 볼 수 있다.

비밀 지식 결사단 "프리메이슨Freemason"은 중세시대 계급사회의 특성을 비난하고 새로운 세상을 건설하겠다는 의지를 담고 있다. 이집트 시대의 고대 석공들이 기술과 과학의 원리를 깨우쳐 엄청난 인간의 수리능력을 선보였던 것처럼 중세시대의 불합리성을 타파해서 새로운 시대로 나아가야 한다는 시대 정신을 강조한 것이다. 자유로운 석공이라는 뜻일 수도 있지만, 기존 종교 세력에 소속되지 않는 자유조합원 상태의 석공들을 기억하자는 의미로 비밀지식결사단의 이름을 프리메이슨으로 지었다고 볼 수도 있다.

원래 메이슨이라는 말은 사전적 의미로 "석공"을 의미한다. 중세시대의 석공 Mason 길드에서 아이디어를 얻어 새로운 중세시대를 꿈꾸는 젊은 신흥세력들이 프리메이슨 철학에 인간의 자유의지를 강조하는 사상을 덧붙였다. 즉, 고전주의 시대에 논의되었던 인간의 합리성과 이성이 중요한 가치로 다루어진 것이다. 동시에 기득권 종교 세력에게 발각되지 않기 위해 프리메이슨 가입 절차를 비공식적으로 하면서, 진정한 멤버십을 갖고 있는지 보기 위해 여러 관문의 확인 작업을 거치는 사전 오리엔테이션 테스트 단계를 만들었다.

이런 맥락에서 기존 기득권 세력에 대한 통찰력 있는 문제의식이 오페라 마술피리에 숨어 있다고 하겠다. 서민들이 시대 변화 상황을 정확히 인식해야만 행동하는 세력이 힘을 얻을 수 있다. 프리메이슨 사상을 하나의 간접광고 방식으로 보여주는 오페라 마술피리는 분명 "시민 계몽"이라는 뚜렷한 목적을 근거로 한 것이다. 이러한 제작 의도는 오페라 속 "끼워 넣기" 광고방식을 통해 직접적인 메시지 전달이나 교육보다 더 강력하게 사람들의 뇌리에 남을 수 있다. 관객들이 자신들도 모르게 서서히 모차르트가 믿었던 프리메이슨 사상을 익히게 된다고 볼 수 있다.

또한, 프리메이슨 조직원들이 모차르트와 같이 대외적으로 자신의 가입 여부를 알리지 않고 익명의 비밀운동 단체의 회원으로 몰래 활동함으로써 세력을 키워 나갔다고 말할 수 있다. 기존 기득권 세력과 영합해 막강한 부와 권력을 휘둘렀던 종교계의 힘에 반기를 들었다는 점도 오페라가 보여주는 "밤의 여왕에 대한 반기"와 닮아 있다. 왕자가 철학자의 마음을 얻기 위해 다양한 관문을 하나의 테스트로 모두 겪어야 했던 것도 프리메이슨 가입 절차와 묘하게 닮아 있다.

당시 상류층이 신봉하던 가톨릭계 대신 중산층 프로테스탄트들이 오페라 마술피리를 제작해 일반 서민들에게 보여줬다. 신흥 지식인들이 알리고자 했던 그 진실은 바로 인간이 가진 합리주의, 개인주의, 자유주의 정신을 강조하는 기본 철학을 말한다. 어떠한 경우에도 인간 본연의 자유의지를 꺾을 수 없다는 것이 프리메이슨 사상의 핵심이라고 하겠다.

이 작품 속에서 생물학적 범죄학 이론과 모차르트의 프리메이슨 사상을 함께 배워 보는 기회를 가질 수 있다. 모차르트의 마술피리는 일반적인 오페라 방식과 달리 2막으로 이루어졌다. 아마도 하류층들은 평상시에 전통적인 오페라를 많이 경험한 적이 없고, 어린 아이들과 서민들은 장시간에 걸쳐 공연되는 오페라가 자칫 지루할 수도 있어 가능한 짧게 2막으로 작품을 구성한 듯하다. 아이들을 위한 오페라는 특히 빠른 전개와 코믹 요소를 가미하면서 가능한 짧게 만들어야 아동들의 관심을 붙잡아 둘 수 있었다. 단막극 형태의 2막으로 구성된 오페라 마술피리의 줄거리를 간략히 살펴보면 다음과 같다.

2. 마술피리 1막: "공주 구하기 미션", 과연 성공할 수 있을까?

마술피리는 웃음만 자아내는 단순한 코믹형 판타지 오페라가 아니다. 줄거리 차원에서 보면, 유럽 시대의 신흥 진보세력이었던 비밀 지식 결사단 "프리메이슨Free Mason" 철학이 작품 전체에 녹아 있고, 음악 차원에서 보면 귀족들의 음악을 서민형 클래식 음악으로 탈바꿈시켜 새로운 오페라 장르를 만들어 낸 획기적인 작품이다. 모차르트가 생전에 가졌던 통찰력이 시대 개혁 의지로 변모되었고, 범죄학 차원에서 봤을 때는 실증주의 범죄학의 기초가 되는 "생물학적 이론"이 엄마와 딸의 충돌 이유를 설명해 준다.

1막의 줄거리는 다음과 같다. 오페라 마술피리는 왕자와 공주가 여러 가지 시련을 겪고 더욱 성숙한 사랑을 이룬다는 동화 같은 이야기라고 할 수 있다. 주요 인물은 **타미노 왕자와 파미나 공주, 파파게노, 밤의 여왕, 자라스트로**다. 이야기는 밤의 여왕의 남편이자 파미나 공주의 아버지인 왕의 죽음으로부터 시작된다. 왕은 임종을 앞두고 빛의 사제인 자라스트로에게 나라를 다스릴 수 있는 권력을 준다. 그러자 왕의 부인인 밤의 여왕은 계략을 꾸미게 된다.

계략의 한 가지 내용은 바로 밤의 여왕이 타미노 왕자에게 무시무시한 용을 보내 왕자의 목숨을 위험하게 만드는 것이다. 왕자가 살려 달라고 애원하는 순간, 밤의 여왕이 나타나 왕자를 용에게서 구해 주며 마치 본인이 왕자의 생명의 은인인 양 믿게 만든다. 생명의 은인인 밤의 여왕에게 감사함을 느낀 타미노 왕자는 여왕에게 자신이 어떻게 보답해야 할지를 묻는다.

밤의 여왕은 보답 대신 자신의 딸 파미나를 자라스트로라는 악당의 성에서 구출해 달라고 부탁한다. 딸을 구해주면 큰 보상을 주겠다고 약속한다. 바로 파미나를 구해 오면 파미나의 남편으로 살게 해 주겠다는 약속을 해준 것이다. 밤의 여왕은 왕자기 위기에 빠졌을 때 사용하라며 마술피리도 건네준다. 뿐만 아니라 파파게노라는 새잡이를 조력자로 함께 보낸다. 타미노는 흔쾌히 밤의 여왕의 제안을 받아들이고, 파파게노와 함께 마술피리를 들고 파미나 공주를 찾으러 길을 떠난다.

그러나 막상 성에 도착하니 생각했던 것과 현실은 전혀 달랐다. 바로 오페라 마술피리의 대반전이 숨어 있었던 것이다. 밤의 여왕 말만 믿고 무조건 악당일 것이라 생각했던 자라스트로는 실제로는 가장 의로운 철학자였고, 오히려 악을 행하는 진짜 악당은 바로 밤의 여왕이었던 것이다. 밤의 여왕은 타미노 왕자를 이용하여 자라스트로의 성을 정복하고, 권력을 빼앗아 올 속셈이었다. 이러한 상황을 알게 된 타미노 왕자는 자라스트로를 살해하려는 원래의 계획을 포기하게 된다.

3. 마술피리 2막: 공주 구하기 대신 "철학자 시험 패스하기"

밤의 여왕은 처음 자신이 만들었던 계략이 생각대로 진행되지 않자, 이번엔 딸 파미나 공주에게 '지옥의 복수가 내 마음을 불태우네Der Holle Rache Kocht in meinem Herzen'를 부르며 자라스트로를 살해하라고 지시한다. 그러나 파미나 공주는 오히려 자라스트로에게 상황을 솔직하게 이야기하였고, 자라스트로의 성에서 타미노 왕자와 함께 살기로 마음먹는다.

자비로운 자라스트로는 타미노 왕자와 파미나 공주의 상황을 이해해 주며, 관문을 통과해야 한다는 이야기를 한다. 성에서 함께 살기 위해서는 일정한 시험을 통과해야만 한다는 새로운 요구를 내놓는다. 왕자와 공주가 밤의 여왕의 첩자가 아니라는 점을 증명해 보여야 믿어주겠다는 "철학자 시험 관문"을 단계별로 만들어 놓은 것이다.

자라스트로는 침묵 수행, 물의 시험, 불의 시험이라는 총 세 가지 과목을 제시하였다. 타미노와 파미나는 여러 가지 일을 겪으면서 매우 험난하고 어려운 시험절차를 경험하게 되고, 결국 마술피리의 힘으로 무사히 모든 단계를 통과한다. 시련을 이겨 낸 두 사람은 함께 '우리는 음악의 힘으로 죽음의 어둠을 기꺼이 헤쳐 나가리'라는 노래를 부른다.

반면, 밤의 여왕은 모든 계획이 무산되자 자라스트로의 성에서 추방된 전사를 부추겨 자라스트로의 성을 정복하는 새로운 전쟁을 결정하게 된다. 하지만 자라스트로는 밤의 여왕을 손쉽게 무찌르고 자라스트로의 성은 다시 평온을 되찾는다.

II. 범죄학 이론: 실증주의, 생물학적 범죄학, 생물사회학 모델

1. 실증주의 범죄학

지금부터는 오페라 "마술피리"를 다양한 범죄학 이론으로 설명해 보고자 한다. 여기에서는 범죄학 패러다임의 하나인 실증주의에 대해 살펴보고, 생물학적 범죄학 이론을 개략적으로 검토하도록 한다.

생물학적 이론과 사회학적 이론을 통합한 경향이 최근 범죄학 내에서 큰 관심을 받고 있으므로 추가로 생물사회학 모델도 함께 살펴본다. 부모와 자식이 서로 유전적으로 비슷한 기질을 갖고 있으나, 태어나서 서로 다른 환경을 접하게 되는 까닭에 상이한 인생 선택을 하게 되고 서로 갈등하는 경우도 많으므로 관련 범죄학 이론을 배우면서 "천성과 양육Nature vs. Nurture" 대결 논쟁과 유전적 요인과 환경적 요인의 상호작용에 대해 생각해 보도록 한다.

실증주의의 내용에 대해 간략히 설명하면, 먼저 개념적으로 실증주의 범죄학 패러다임은 범죄의 원인을 눈으로 직접 확인되는 특정 병리적 외부 상황distinct pathological conditions에 두는 범죄학 관점을 말한다. 참고로 범죄학 내에는 다섯 가지 범죄 패러다임이 존재하는데, 그 내용은 실증주의Positivism, 합리적 선택Rational Choice, 상호작용주의Interactionism, 비판주의Critical, 통합주의Integration를 지칭한다Brown et al., 2014.

합리적 선택 패러다임은 범죄의 원인이 잠재적 범죄비용과 범죄로 인한 이익을 계산해 내는 인간의 합리적 사고와 관련되어 있다고 본다. 반면, 상호작용주의는 특정 범죄자나 그룹에 대한 공식적, 비공식적 "반응"이 비행청소년이라는 부정적 꼬리표being labeled criminal를 만들어 낸다는 범죄학적 설명을 활용한다. 비판주의는 힘 있는 특정 계급의 엘리트 의식이 입법과정과 형벌집행 과정에 어떤 영향을 미치는지 살피는 데 주안점을 둔다. 마지막으로 통합주의 패러다임은 범죄의 원인을 제대로 설명하기 위해서 두 가지 이상의 범죄학 개별 이론을 합해서 전체 범죄발생 원인기제에 활용하려고 한다Brown et al., 2014.

실증주의 범죄학의 경우, 합의론적 관점에서 기존 사회가 제시한 가치관과 주류 계층의 법률 체계를 별 비판 없이 당연한 것으로 간주한다. 기존 사회 규범을 인정한 상태에서 이질적 가치관과 병리적 외부 환경을 실증적으로 조사하여 과학적인 방식으로 범죄 원인을 밝히는 데 초점을 두는 범죄학 패러다임으로 볼 수 있다.

20세기 이후 서구 범죄학계 이론의 대부분을 실증주의 범죄학 패러다임이 담당해 왔다. 실증주의는 과거 합리적 선택 패러다임이 주장했던 눈에 보이지 않는 인간의 "합리성" 개념에 강한 반대를 제기한 철학이다. 실증주의 패러다임은 한 개인이 스스로를 완벽히 통제한다는 것은 불가능하고, 자신의 행동에 영향을 미치는 강력한 외부의 힘과 자극이 존재하여 그것이 범죄의 원인과 연관되어 있다고 보았다.

예를 들면, 실증주의는 '원인 - 결과 차원'에서 특정 약물에 대한 부작용을 인지하지 못한 채 약을 먹고 위험한 행동을 하게 되면, 그 문제 행동의 원인은 약을 선택한 개인에게 있다기보다는 해당 약 자체의 부작용에 있다고 보는 입장을 취했다. 따라서 실증주의는 외부의 다양한 병적 상황을 범죄원인으로 간주함으로써 많은 개별 범죄학 이론을 광범위하게 포함했다고 볼 수 있다. 즉, 생물학적 범죄학과 사회

구조주의 범죄학, 사회과정주의 범죄학 등 많은 이론들이 모두 실증주의 범죄학 패러다임에 속한다Brown et al., 2014.

범죄의 원인이 인간이 통제할 수 없는 다양한 외부 특정 요인과 관계되어 있으므로 재범 방지 차원의 전략은 항상 범죄자 외부의 "병적인 요소"를 제거하는 전략으로 귀결된다. 그리고 범죄행위 자체가 아닌 "범죄자offender"에 대한 보호와 사회복귀가 실증주의 범죄학의 주요 관심사로 다루어진다.

2. 생물학적 범죄학

실증주의 범죄학에 속하는 초기 생물학적 이론들은 19세기에 이태리에서 군부대 담당 의사와 정신병동 의사로 근무했었던 롬브로조Lobroso에 의해 시작되었다. 롬브로조는 범죄학 내의 실증주의 사조를 처음 소개한 사람이고, 특히 생물학적 실증주의Biological Positivism의 패러다임을 구체화한 사람이기도 하다.

당시 롬브로조가 살던 시대 상황에서는 다윈의 모델Darwin's Model을 범죄 이론에 구현한다는 것 자체가 매우 신선한 시도였고, 과학적인 방식을 동원해 생물학적 소인을 범죄행위의 원인으로 설명하는 것 역시 충격적인 일이었다. 롬브로조의 딸Gina이 아버지의 죽음 이후 롬브로조가 쓴 글을 정리하여, 롬브로조가 의사로 재직할 당시 사망한 환자들의 시체 부검을 이용해 다양한 신체적 특징을 세심하게 살폈음을 외부에 발표했다.

탈영병 등의 신체적 특징을 기록하여 통계적으로 공통된 특징을 찾아내려고 애썼던 것을 학계에 발표했다Brown et al., 2014. 롬브로조는 자신이 수집한 데이터를 분석한 결과, 사람마다 생물학적으로 다양한 나름의 발달 수준을 갖고 있고, 특정한 신체적 소인이 범죄행동의 원인이 된다는 결론을 얻게 되었다.

바로 롬브로조가 제시했던 유명한 **격세유전**atavistic이라는 개념이다. 격세유전의 성향을 가진 사람은 특정 생물학적 특징을 가졌기 때문에 어쩔 수 없이 범죄나 문제 행동을 저지를 수밖에 없다. 모든 개체들은 정상적인 진화 방식을 따르면서 세월의 흐름에 따라 유사한 유전적 소인을 갖게 되는데, 일부 사람들은 대다수의 보통 사람들과는 다른 반대 방향으로 진화되면서 과거 조상들이 가졌던 원시적 유전 특질을 더 많이 갖게 된다. 바로 원시적인 유전적 소인을 많이 갖고 있는 사람을 격세유전 인간형으로 보고, 롬브로조는 이로 인해 생래적 범죄인설born criminals이 가능하다는 주장을 펼치게 된 것이다.

구체적으로 롬브로조는 범죄자의 두개골이 일반인보다 과도하게 크거나 작다는 사실을 밝혀냈다. 과도하게 큰 턱과 광대뼈, 교활한 눈빛, 비정상적인 사이즈의 귀, 돌출된 입술이 격세유전의 특징에 속한다고 보았다. 롬브로조는 실증주의 사조 아래에서 당시 학자들이 거의 활용하지 않던 집단 비교 연구 방법도 활용했다. 즉, 정상적인 이태리 군인 집단과 범죄자 집단의 신체적 특징을 상호 비교한 것이다. 전체 군인 중 11% 정도만 격세유전 기질을 보였는데, 범죄자 집단은 약 35~40%가 이러한 특징을 갖고 있는 것으로 나타났다Brown et al., 2014.

19세기에 등장한 롬브로조의 이론은 20세기 넘어서까지 실증주의 범죄학 발전에 큰 영향을 미쳤다. 당시 변호사로 활동했던 페리E. Ferri, 1865~1928는 이태리 사회주의 당원으로서 범죄예측을 위한 다양한 외부 요인을 활용했는데, 롬브로조의 생물학적 요인에도 큰 영향을 받았다. 롬브로조의 지도를 받아 특정인이 더 생물학적으로 범죄행위를 저지를 가능성이 크다는 주장을 펼치기도 했다.

하지만 페리는 롬브로조와 달리 외부 사회 환경적 요소에 큰 관심을 가졌다. 심지어 여름 시기의 높은 범죄율에 대해 외부 날씨나 온도가 범죄 증가에 영향을 미친다는 새로운 설명을 덧붙이기도 했다Brown et al., 2014. 페리는 인간이 가진 자유의지나 합리성을 부정했다는 점에서 롬브로조와 같은 실증주의 패러다임 학자에 속한다고 볼 수 있다. 단, 파시스트 나치즘 활동(무솔리니)으로 안타깝게도 페리는 생물학적 실증주의가 정치적 도구로 악용될 수 있다는 것을 보여준 불명예스러운 학자로 남기도 했다.

영국의 교도소 군의관이었던 고링C. Goring, 1870~1919 역시 롬브로조의 생물학적 실증주의에 큰 영향을 받았다. 단, 롬브로조 자의적 관찰연구방법을 비판하면서 자신이 영국에서 좀 더 세련된 연구방법론으로 타당성 높은 데이터를 수집했음을 강조했다. 고링은 특히 여성범죄자의 신체적 특징을 남성 범죄자의 그것과 비교하는 연구방법에 관심을 가졌다. 그리고 직접 3,000명의 상습범죄자 데이터를 활용해 성별 특징을 포함해서 범죄자들의 다양한 생물학적 특징이 일반인들과 얼마나 다른지 분석하는 데 주력했다. 폭력 성향이 큰 범죄자들이 보통 강한 체력을 갖고 있는 데 반해, 재산 범죄자들은 상대적으로 열악한 신체적 특징을 갖고 있고 이것이 하나의 유전적 결함에서 기인한 것이라는 결론을 내리기도 했다Brown et al., 2014.

　20세기가 넘어 생물학적 실증주의 사조가 미국 학자들에게 큰 영향을 미치기 시작했다. 쉘던W. Sheldon, 1898~1977은 미국 보스턴의 체질심리학자(시카고 대학 박사)로서 유럽에서 인기를 끌던 당시의 생물학적 범죄학 이론에 큰 흥미를 느꼈다. 그리고 자신의 데이터를 이용해 비행청소년들의 신체적 특징을 분석하기 시작했다. 그리고 일반 청소년과 비행 청소년들의 체형 차이를 세심하게 분석해 체형과 기질을 활용한 새로운 범죄자 유형론을 발표했다Brown et al., 2014.

　외부에 보이는 신체적 특징이나 골격 모양, 광대뼈 모양 등에 한정되었던 논의가 미국으로 건너가 한 개체의 "기질" 특성으로까지 확대된 것이다. 쉘던은 외배엽(마른형), 내배엽(둥근형), 중배엽(근육형)이라는 세 가지 체형 유형을 만들고, 해당 유형들이 가진 기질적 특징을 설명했다. 그리고 범죄 행동 특징이 각 기질마다 어떻게 달라지는지 설명하는 데 초점을 두었다.

▌쉘던의 체형 유형과 기질

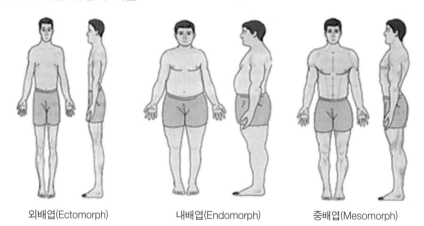

　　　외배엽(Ectomorph)　　　내배엽(Endomorph)　　　중배엽(Mesomorph)

※ Brown 등(2014)의 책 "Criminology" 책 223페이지 中

　외배엽ectomorphs은 외부에서 보기에 다소 마른 체형으로 뼈가 가늘다는 특징을 갖는다. 이들은 신체적 특징으로 인해 성격은 다소 내성적이고 예민한 편인데 보통 생각이 깊다. 행동보다는 먼저 내면에서 신중하게 자신의 생각을 정리하고 행동계획에 따라 움직인다는 특징을 가진다.

반면에, 내배엽endomorphs은 외부 체형이 통통하고 다소 둥글둥글한 얼굴형을 갖고 있다. 성격적으로는 낙천적이고 평상시에 긍정적이며 외부 사람들과 어울리는 것을 즐겨하는 타입이다.

마지막으로 중배엽mesomorphs은 앞의 두 유형과 달리 근육과 골격이 비교적 잘 발달한 체형을 갖고 있다. 성격적으로는 생각보다는 행동이 앞서고, 먼저 행동을 한 후에 행동의 결과를 뒤늦게 생각해 보는 스타일이 많다. 항상 육체적 에너지가 넘 치고 일을 할 때 주로 적극적, 공격적 대처방법을 선호한다.

초기의 생물학적 범죄학 이론은 이런 방식으로 생물학적 소인을 범죄의 원인에 결부시켜 다양한 방식으로 실증주의 패러다임을 변화, 발전시켜 왔다. 최근에는 순 수한 생물학적 범죄학 이론 대신 생물학적 요인과 사회학적 요인 등을 결합하는 통 합론적 시각이 큰 관심을 끌고 있다. 생물학적 요인 내에서도 초기 롬브로조와 같 이 외모 특징에서 그 원인을 찾는 것이 아니라, 우생학과 유전학, 뇌, 신경전달물 질, 호르몬 등과 관련된 다양한 변인들을 범죄 원인으로 삼는다Brown et al., 2014. 사 회학적 요인도 비행친구나 부모의 잘못된 양육태도, 스트레스 유발 환경 등 다양한 요소에서 범죄의 원인을 찾는다. 이하 통합론적 시각의 하나인 생물사회학 범죄모 델에 대해 살펴본다.

3. 생물사회학 모델

범죄 통합론적 시각에 속하는 생물사회학 모델에는 네 가지 설명 방식이 존재한 다. 첫째, **가산적 모델**에서는 생물학적 요인과 사회학적 범죄 원인이 서로 관련되어 있는데 두 요인이 개별적으로 동일한 비중으로 영향을 미친다고 본다. 두 개의 서 로 다른 물질이 합해졌을 때 새로운 결과가 나타난다고 보는 것이다. 타고난 기질 natrue과 환경적 특징nurture이 원인 - 결과 차원의 인과관계에 있는 것이 아니라, 각 자 독립된 요인으로 유사한 비율로 범죄 발생에 영향을 미친다고 본다. 달리 말하 면, 타고난 기질 하나만으로 범죄행위가 일어나는 것이 아니라, 기질과 환경이 서로 1 + 1의 작용을 해서 동일한 힘으로 범죄를 일으킨다고 본다.

둘째, **상호작용 모델**에서는 생물학적 위험 요소와 사회적 위험요소가 서로 상호작용을 한다고 본다. 상호작용을 한다는 것은 두 요인이 정확히 1:1로 동일하게 작용을 한다는 것이 아니라, 범죄행위에 직접 혹은 간접적 영향을 서로 다르게 미칠 수 있고, 영향을 미치는 방향도 상황에 따라 매우 달라질 수 있음을 뜻한다. 원인 - 결과 차원의 인과관계가 아니라, 두 요인이 서로 영향을 미치고 영향을 받는 상호관계라는 점에 그 특징이 있다.

예를 들면, 폭력성향이 높은 사람의 경우 개인의 타고난 기질로 인해 싸움에 휘말릴 가능성이 증가하는데 그 기저에는 폭력사범 발생 유발 환경(술집, 도박장 등)을 개인이 기질적으로 좋아할 가능성이 많다(능동적 유전자 환경 상호관계). 때로는 부모가 가진 특정 유전적 성향이 자식에게 전달됨으로써 특정 문제 행동이 나타나는데, 그 유전적 기질이 부모가 만들어 주는 환경과 상호작용하여 범죄발생을 촉진시키기도 한다(수동적 유전자 환경 상관관계). 추가로 상호작용 모델에서는 특정 유전적 기질이 주위 사람들의 특정 반응을 불러일으키게 되고(생물학적 요인×환경적 요인) 그로 인해 당사자의 소외, 고립이 일어나 궁극적으로 상관관계가 범죄를 일으킨다는 설명(환기형 유전자 환경 상관관계)도 가능하다Brown et al., 2014.

셋째, **순차적 모델**에서는 부정적 외부 환경nurture이 생물학적 특징nature에 부정적 영향을 미치는 것으로 본다. 만약 유아기 때 아동이 부모와 보호자로부터 학대와 방임을 장기간 받게 되면, 건강했던 시상하부 뇌하수체 부신 기능이 저하되는 문제가 발생할 수 있다. 그리고 도파민 분비 문제나 세로토닌 문제, 자기 통제 관련 뇌 기능 저하 등의 다양한 생물학적 소인 악화 문제를 겪게 된다Anderson & Teicher, 2009. 관련 실험에 따르면, 특정 유전자는 부모와의 친밀한 접촉으로 어린 쥐들에게 더 잘 분비될 수 있고, 이 유전자는 근심, 두려움, 스트레스 감정 대응능력과 직접적 연관이 있는 것으로 나타났다.

넷째, **증폭적 모델**은 생물학적 위험 요소와 사회학적 위험 요소가 만나게 되면, 각각의 범죄발생 가능성이 기하급수적으로 증가하게 된다고 본다. 가산적 모델이 생물학적 요인과 사회적 요인의 단순한 합을 가정했다면, 증폭적 모델은 두 요인의 곱하기 기능을 가정했다고 볼 수 있다Brown et al., 2014. 타고난 기질이 폭력적인 사람이라면, 최대한 안정적 환경에 노출되어 있어야 모든 형태의 범죄로부터 멀어지게 된다.

만약 부정적 환경까지 만들어진다면, 그 파급효과는 단순한 "부정적 환경"이나

"부정적 범죄 유전소인"과 관련된 일부 범죄에 한정되지 않는다. 두 가지 개별 요인 이상으로 파급 효과가 커져 심각한 문제 행동이 나타난다. 모노아민 산화효소 유전자 변종 아동 연구나 학대받는 피해자 연구, 유전자 변종 환경 노출 연구 등을 보면, 유전적 소인과 환경적 요인이 결합되었을 때 증폭적인 수준의 위험한 범죄가 발생하는 것으로 나타났다Boisvert & Vaske, 2011.

지금까지 생물사회학 범죄 모델에 대해 살펴보았다. 오페라 "마술피리"에 등장하는 밤의 여왕과 딸 파미나 공주의 갈등은 어떤 모델로 설명할 수 있을까? 엄마인 밤의 여왕은 살인을 교사했으나, 딸 파미나는 살인을 저지르지 않기로 결심했다. 결과적으로는 범죄 발생이 일어나지 않아 다행이고 작품의 마지막은 해피엔딩인데, 대체 유전과 환경의 논쟁 차원에서 보면 어떤 모델이 제일 적합하다고 할 수 있을지 의문이다. 긍정적 환경이 타고난 공주의 기질을 변화시킬 것일까?

이하 "오페라 마술피리 파헤치기"를 통해 생물학적 실증주의 범죄학 접근과는 다소 설명 방식이 다른 범죄 "기회이론"을 간략히 살펴보자. 공주의 행동이 아닌, 타미노 왕자의 행위에 초점을 맞춰 해당 이론을 살펴보도록 한다.

Ⅲ. 오페라 『마술피리』 파헤치기

마술피리는 누구나 예상했던 결말인 '그럼에도 불구하고 공주와 왕자는 오래오래 같이 행복하게 살게 되었습니다...'로 끝맺음을 하게 된다. 그렇지만 이 행복한 결말을 향한 과정 속에 인간의 욕망이 드리워진 장면들이 많다.

우선, 오페라의 첫 장면으로 돌아가 보자. 밤의 여왕은 모든 만화, 드라마, 영화에서 등장하는 욕망에 눈이 먼 전형적인 '악녀'이다. 밤의 여왕은 자신의 목적을 달성하기 위하여 타미노 왕자를 이용한다. 타미노 왕자에게 용을 보내서 의도적으로 왕자를 위험에 처하게 하고 교묘하게 왕자를 다시 구출해 준다. 이는 전형적인 기망 상황을 연출한 것으로 '불안감'이라는 인간의 감정을 악용한 것이다.

인간은 감정적일 때 이성적인 판단이 어려워진다. 그리고 이를 이용해서 사람을 속이는 사기범들이 있다. 사기범들은 '욕망', '신뢰', '불안'과 같은 인간의 감정들을 본인들의 무기로 사용한다(김영현, 2014). 타미노 왕자는 용이라는 대적할 수 없는 상대로 인하여 불안감을 느꼈을 것이고, 살고 싶다는 욕망을 갖게 되었다. 이런 상황에서 자신에게 도움을 주려는 누군가가 나타나면, 믿을 만한 사람인지에 대한 이성적인 판단을 하기 보다는, 바로 신뢰하고 싶은 마음이 앞서게 된다. 그래서 타미노 왕자는 밤의 여왕을 전적으로 신뢰하게 되었고, 밤의 여왕의 의도대로 행동하게 된 것이다.

또한, 밤의 여왕이 제시한 보상물도 하나의 범죄 동기로 작동했다. 밤의 여왕은 자신의 부탁을 들어주는 대가로 파미나 공주와 함께 사는 것을 제안했고, 이 또한 타미노 왕자에겐 얻고 싶은 욕망으로 작용했다. 뿐만 아니라, 마술피리와 조력자 파파게노의 지원은 타미노 왕자에게는 잠재적 비용이나 위험 부담을 줄여 밤의 여왕의 제안을 더욱 쉽게 받아들이는 계기를 만들어 주었다.

일반적으로 사람들이 일확천금, 성적 욕망, 권력, 공짜 등 자신들만의 욕망을 키워 가게 되고, 자신이 추구하는 욕망을 급하게 무리해서라도 실현시켜야 한다고 생각하게 될 때 큰 피해를 입게 된다. 예를 들면 '지금이 아니면 다시는 가질 수 없다.'는 감언이설은 피해자에게 '불안'이라는 감정을 일으켜 정확한 상황판단을 어렵게 만든다. 또한, 자신의 욕망을 이루는 데 '도움을 줄' 누군가가 나타나게 되면, 그저 고마운 마음에 전적으로 상대방의 감언이설을 '신뢰'하게 되는 것이다. 결국, 인간의 과도한 욕심은 판단력을 흐리게 만들고, 이러한 허점이 범죄 피해로 이어지게 되는 것이다.

그렇다면 밤의 여왕이 왜 타미노 왕자를 잠재적 피해자로 이용하게 되었는지 범죄 피해자학적 관점에서 생각해보자. **'피해자학**Victimology**'**이란 범죄 피해자 또는 피해자가 될 위험이 있는 자의 특성을 과학적으로 연구하여 범죄에 있어서 피해자가 미친 영향력을 연구하고, 나아가 형사사법에 있어서 피해자의 보호 및 구조 등을 연구대상으로 하는 학문을 말한다. 쉽게 말하면 어떤 사람이 피해자가 되기 쉬운지, 피해자 - 가해자 관계가 범죄에 어떤 영향을 미쳤는지를 살펴보는 체계적 학문인 것이다.

'기회이론 Opportunity theory**'**은 범죄자가 피해자를 선택하는 원인과 과정을 체계적으로 설명해 주는 피해자학 관련 이론을 말한다. 기회이론은 범죄자는 합리적인 선택을 하므로, 범죄대상을 선택할 때는 적은 노력과 위험으로 큰 보상을 얻으려 한다고 본다. 따라서 잠재적 범죄자에게 피해자가 얼마나 '노출 및 근접성'을 허용하느냐, 그리고 피해자의 일상에서 주변의 '감시능력'이 얼마큼 존재하느냐에 따라 범죄 피해 가능성도 달라진다고 본다Hindelang et al., 1978.

즉, 범죄는 범행의 기회가 존재해야 하며, 기회는 피해자가 범죄에 얼마나 노출되어 있는지, 어느 정도 범죄자와 근접되어 있는지(노출 및 근접성), 그리고 범행을 실행했을 때 방해가 될 만한 것들이 없는지(보호의 부재) 등에 따라 달라진다. 범행으로 얻을 수 있는 이득이 얼마나 큰지(매력성)도 피해자를 선택하는 중요한 기준이 된다.

밤의 여왕에게 타미노 왕자는 자라스트로를 살해하는 교사 대상으로 너무나도 좋은 선택지였다. 우선, 밤의 여왕은 '마법의 거울'을 통해 대상을 쉽게 찾을 수 있었다. 다시 말하면 의도하지 않았지만 밤의 여왕(범죄자)에게 타미노 왕자(피해 대상)는 이미 많이 노출되어 있던 잠재적 피해 대상이었던 것이다.

또한, 타미노 왕자는 당시 혼자였다. 자신이 처한 상황 속에서 달콤한 제안이나 유혹에 제대로 된 판단을 도와줄 보호자가 부재하였다. 보호자의 존부는 피해가능성에 큰 영향을 미친다. 한 예로, 대학생을 상대로 한 불법 다단계회사의 경우, 새로운 피해자가 찾아오면 가장 먼저 하는 일이 일정 기간 동안 보호자나 가족과 연락을 차단하는 것이다. 또한, 인터넷 등을 사용하지 못하게 하여 제대로 된 가치판단을 어렵게 한다.

밤의 여왕은 자신의 명성을 훼손시키지 않고 권력을 장악하기 위해서는 시민들의 비난을 대신 받게 될 방패막이가 필요했다. 타국의 왕자인 타미노가 자라스트로를 살해하게 되면, 다른 사람들이 납득할 수 있는 이유도 되고, 권력을 빼앗는 목적도 달성할 수 있으니 왕자는 누구보다 매력적인 범행대상으로 보였을 것이다.

한편, 밤의 여왕은 왕자에게 파미나 공주를 구출해 주면 공주와 함께 살게 해주겠다는 매력적인 보상을 제공하였다. 건실한 청년에게 '사랑할 수 있는 대상'의 제공은 너무나도 흥미로운 제안이었을 것이다. 왕자는 한 번도 보지도 못하였지만 공주를 사랑하게 되었고, 어쩌면 밤의 여왕에게 보답을 하고 싶다는 마음보다, 본인의 사랑이라는 '욕망'을 충족하기 위해서 공주 구출 서약서에 동의했는지 모른다. 종합적으로 보면, 공주와 결혼하여 밤의 여왕이 가진 모든 권력과 재력을 본인이 성취하고 싶은 욕망에 타미노 왕자는 전후사정에 대한 합리적인 판단 없이 살인교사죄에 이용되는 피해자가 되었다고 볼 수 있다.

타미노 왕자의 경우에서 볼 수 있듯이 인간은 욕망을 추구하는 본성을 가지고 있다. 이러한 본성으로 인하여 때로는 보고 싶은 것만 보고, 믿고 싶은 것만 믿게 되어 적절한 판단을 내리지 못하기도 한다. 이러한 판단의 실패가 범죄 피해로 이어지는 경우가 빈번하다. 더욱이 오늘날에는 보이스 피싱, 스미싱, 카드사기 등 범죄수법이 진화하고 있어, 적절한 판단을 내리기가 점점 어려워지고 있다.

'세상에 공짜란 없다.'라는 말이 있다. 마술피리는 오늘날과 같은 흉악범죄가 일어나는 사회에서 항상 조심하고 신중해야 한다는 교훈을 남긴다. 전 세계적으로, 많은 연쇄살인은 작은 친절에서 시작되었다. 친절하게 길에서 사람을 차에 태우거나, 아픈 척 친절을 요구했다. 우리에게 주어진 필요 이상의 친절 앞에서 두 번 세 번 확인하는 신중을 기해야 하고, 거듭 생각해 보는 조심스러운 범죄예방의 자세를 가져야 할 것이다.

1. 실증주의 범죄학 사조를 다른 범죄학 패러다임(합리적 선택, 상호작용주의, 비판주의, 통합주의)과 비교, 검토해 봅시다. 그리고 실증주의는 범죄자 교정 차원에서 어떤 특징을 갖고 있는지 설명해 봅시다.

2. 생물사회학 모델의 내용을 모두 설명하고, 오페라 "마술피리" 내 밤의 여왕과 딸의 갈등 상황을 특정 생물사회학 모델로 설명해 봅시다.

3. 기회이론을 활용해 오페라 "마술피리"에 등장하는 타미노 왕자의 행동을 설명해 봅시다.

오페라 이해하기

1. 오페라 마술피리에 등장하는 "프리메이슨 사상"과 관련된 대사나 장면으로 무엇이 기억날까요?

2. 모차르트의 3대 오페라는 무엇일까요? 오페라 마술피리와 다른 모차르트의 오페라가 가진 가장 큰 차이점은 무엇일까요?

3. 왜 많은 여성 소프라노들이 오페라 마술피리 내 "밤의 여왕" 캐릭터를 무대에서 연기하기 어렵다고 말할까요?

● 아… 그렇구나!

"프리메이슨(Freemason)" 사상

프리메이슨 운동은 18세기 유럽에 유행했던 인도주의적 정신 개혁운동을 말합니다. 기술과 과학, 인간의 수리적 사고 등을 새롭게 강조하자는 운동입니다. 모차르트가 직접 참여했던 모임이기도 합니다. 프리메이슨 활동을 통해 인간의 도덕과 인내를 강조하려고 했습니다. 기존 중세 유럽의 기득권 세력이었던 종교계를 부정함과 동시에 인간의 이성과 자유의지를 강조한 비밀 조직이었다고 볼 수 있습니다.

마술피리 속 숨은 숫자 "3"의 의미

프리메이슨 운동과 숫자 3은 큰 관련이 있습니다. 〈마술피리〉에는 3이라는 숫자가 곳곳에 많이 등장합니다. 물론 음악적으로 보면, 모차르트가 세 개의 화음을 사용하여 곡을 지었다는 뜻도 내포하고 있습니다. 이야기 속에서는 세 명의 소년, 세 명의 사제, 세 개의 문, 세 명의 시녀 등이 나옵니다. 석공들을 상징적으로 의미하는 직각자, 컴퍼스, 나무망치라는 세 가지가 숫자 3을 의미한다고 볼 수 있습니다. 이처럼 오페라 곳곳에 수수께끼처럼 3이라는 의미가 숨어 있는데, 이는 프리메이슨 운동이 지향했던 숫자 3의 의미를 보여주기 위함입니다.[2]

● 오페라 용어

• 볼프강 아마데우스 모차르트(1756~1791)는 새로운 오페라 장르인 **"징슈필(Singspiel)"** 을 만들었습니다. 마술피리는 바로 징슈필에 속하는 작품입니다. 마술피리는 초연 후 큰 성공을 얻었지만, 안타깝게도 이 작품을 만든 모차르트는 초연이 시작된 지 불과 두 달여 만에 사망하고 맙니다. 당시 모차르트의 나이는 35세에 불과했습니다.

• 콜로라투라 기법에서는 빠른 박자가 많이 사용되어, 많은 양의 짧은 음표가 반복해서 악보에 나타나게 됩니다. 노래를 부르는 소프라노의 높은 기교가 가장 중요하게 다루어질 수밖에 없습니다. 소프라노 가수가 표현해야 하는 특정 음에 대한 표현이 마치 악기처럼 펼쳐져야 합니다. 그래서 여성 가수로서는 선율 표현에 대한 부담감이 가장 많은 곡이 바로 오페라 "마술피리"이기도 합니다.[3]

---

2 https://namu.wiki/w/%EB%A7%88%EC%88%A0%ED%94%BC%EB%A6%AC 위키나무 사전 中, 초종확인 2021년 1월
3 김학민(2002) 책 *<오페라 읽어주는 남자> 中*

헨젤과 그레텔: 사회해체이론, 비행하위문화이론, 낙인이론

잔혹동화 아동학대 스토리

산업혁명 이후 영국 사회에서 아동은 가장 쉬운 착취의 대상이었다. 아동은 '단지 작은 성인"에 불과했다. 아동의 특수성이나 발달, 성장, 보호를 강조하는 아동권리 인식조차 없었다. 아동의 노동력을 착취하는 세상에서 바로 이 오페라가 만들어졌다.

- 2019년 샌프란시스코 오페라 극장 '헨젤과 그레텔' 공연 中

Ⅰ. 잉겔베르트 훔버디크(Engelbert Humperdinck)의 오페라

1. 무서운 아동학대 잔혹극: 헨젤과 그레텔(Hansel and Gretel)

오페라 헨젤과 그레텔은 아동들이 유난히 좋아하는 오페라다. 어린 관중들도 웃을 수 있는 코믹한 부분이 많고, 가족 단위로 함께 즐길 수 있는 경쾌한 멜로디가 많아 아이들이 마치 한 권의 그림책을 읽듯 시간 가는 줄 모르고 오페라 작품을 본다. 여동생 **그레텔**과 오빠 **헨젤**이 함께 장난치는 모습은 너무 순수하고 귀여워 어른들도 오페라의 매력에 빠지게 된다.

실제 작곡가 잉겔베르트는 어린 조카들을 기쁘게 해 주기 위해 이 오페라를 만들었다. 즉, 아이들의 눈높이에서 기존의 작품들과는 다른 방식으로 아이들이 즐길 수 있는 음악과 줄거리로 "아동극 형태의 맞춤형 오페라"를 만들어 낸 것이다.

장시간의 오페라 공연이 자칫 아이들에게 지루하게 느껴질 수도 있기에 세심한 배려로 잉겔베르트는 오페라 작품 속 줄거리를 어른들의 사랑 이야기 대신, 그림형제의 아동우화 "헨젤과 그레텔"에서 가지고 왔다. 오페라 음악도 빠른 템포의 경쾌한 선율을 활용해서 기존 성인 오페라와는 전혀 다른 스타일의 사랑스러운 아동 오페라를 만들어 냈다.

그러나 원래 헨젤과 그레텔이라는 이야기는 독일의 작가인 그림형제Brüder Grimm의 「어린이와 가정을 위한 동화집Kinder-und Hausmärchen」 중의 하나다. 어쩌면 원작의 스토리는 순수한 아동극이 아니라 아동학대를 소재로 한 "참혹 판타지 공포물 Dark Fantasy Horror"인지 모른다.

초판에서는 헨젤과 그레텔을 집에서 내쫓는 엄마가 두 아이들의 친엄마로 묘사되었다. 그러나 이후 친엄마가 자녀들을 괴롭히는 "아동학대"의 모습이 당시 산업혁명 시기 실제 비일비재하게 일어났던 아동학대 현상과 너무나 닮아 있다는 비판이 생겨났다. 범죄 줄거리가 당시 관객들의 뼈아픈 현실을 꼬집어 대고 그것이 사람들을 너무 불편하게 한다는 의견이 늘어나게 되었다. 이로 인해 주인공 속 엄마의 신분이 친엄마에서 "새엄마"로 변경되기도 하였다.[4]

오페라 "헨젤과 그레텔"의 숨은 의미를 알게 된다면, 당시 잉겔베르트 훔버디크가 만든 이 작품이 얼마나 끔찍한 아동학대의 실체를 잘 보여주었는지 느끼게 될 것이다. 시대 상황을 고려하면 일반 가정에서 일상적으로 일어났던 아동학대와 사회에서 묵인되었던 아동방임 및 가정폭력 문제가 이 오페라의 기본 줄거리를 이루고 있다.

세상 그 어떤 오페라보다 더 끔찍한 범죄를 다루는 헨젤과 그레텔에는 잔인한 아동 방임과 아동 살인미수 등의 무서운 범죄 이야기가 깔려 있고, 당시 "아동학대"를 당연시하던 사회 분위기가 오페라 곳곳에 투영되어 있어, 실제 줄거리 자체는 일종의 "잔혹 공포물형 오페라"라고 볼 수 있다.

이 작품은 겉으로는 아이들을 위한 오페라로 평가받지만, 그 대사를 찬찬히 들여다보면, 어른과 범죄학자들에게 산업혁명 당시에 벌어졌던 아동 방임과 자녀학대 등의 심각한 사회문제를 느끼게 한다.

---

4 https://terms.naver.com/entry.naver?docId=1528096&cid=40942&categoryId=40107 참고 최종
  확인 2021년 7월 10일.

1893년 이 오페라가 만들어졌던 시기에 유럽사회는 큰 변화를 겪고 있었다. 중세시대의 가치관이 사라지고, 산업혁명으로 급격한 사회변화가 이루어지던 때라고 하겠다. 가치관의 혼란과 더불어 전 세계의 자유무역이 빠른 속도로 가속화되면서 빈부격차와 노동력 부족 등이 심각한 사회문제로 대두되었다.

당시 경제 격차, 자본 배분 불평등, 인권의식 부재 등의 문제가 속출했고, 산업혁명 이후 빠른 속도로 급격한 경제성장이 이루어지면서 사회 곳곳에 빈부격차로 인한 사회문제가 심화되기 시작했다. 산업혁명으로 인한 생산성 증가 현상 뒤에는 끝없이 노동력을 착취당할 수밖에 없는 힘 없는 취약계층들의 고통이 있었다. 빈곤으로 고통받는 계층, 그 속에서도 가장 약한 아이들의 노동력 착취 문제가 심각한 사회문제로 대두되었다.

산업혁명으로 경제적 격차가 커져 가면서 노동력을 아무리 제공해도 점점 더 빈곤에 허덕일 수밖에 없는 극빈 계층이 생겨나게 된 것이다. 당시 유럽 내 일부 독일인과 영국인들은 극단적인 빈곤과 배고픔을 견디지 못해 범죄를 저지르기도 했고, 모든 것을 버리고 새로운 기회의 땅인 미국으로 떠나는 결정을 내리기도 했다.

이런 힘든 경제적 극빈 상황에서 누가 제일 취약하고 약한 계층일까? 아마도 가장 심각한 피해를 입게 되는 대상은 바로 아동과 청소년일 것이다. 당시 상황에서는 아동이 행복한 세상을 만들 이유도 없었고, 아동은 단지 '작은 성인'에 불과한 존재로 여겨졌다. 아동의 특수성이나 아동보호에 대한 인식 자체가 부족했다. 아동의 권리가 전혀 인정되지 않았기에 아동을 대상으로 한 노동력 착취 역시 빈번하게 발생했다.

오페라 헨젤과 그레텔에 나타난 아동학대의 원인을 급격한 사회변화와 연관 지어 살펴볼 필요가 있다. 사회해체이론과 비행하위문화이론을 통해 오페라 속 문제행동을 검토해 볼 것이다. 특정 지역 내에서의 "집합적 효능감Collective Efficacy"의 부재가 약자에 대한 범죄를 당연시하는 분위기를 만들어 냈다. 그리고 이로 인해 거시적인 차원에서 범죄문제가 특정 계층과 지역에 한정된 것으로 인식되었다. 이번 장에서는 실증주의 내 사회구조주의 입장에서 사회해체이론과 비행하위문화이론으로 아동학대 문제를 고찰해 보도록 한다.

아동이 집안에서 한 명의 가족 구성원으로서 식사에 참여하기 위해서는 당시 성인과 똑같이 일정한 노동력을 제공해야만 했고, 그것이 당연하다는 인식이 팽배해 있었다. 집안에서 아동이 어른처럼 가사노동을 해야만 밥을 주는 사회, 이 속에서 잉겔베르트는 조카들에게 오페라를 통해 한 줄기 희망을 선사해 주고 싶었다.

당시 아동들이 처한 상황을 개연성 있게 잘 보여주면서, 동시에 오페라 헨젤과 그레텔은 원작 소설을 변형하여 행복한 결말을 만들어 냈다. 비극으로 끝나는 원래의 소설에서는 헨젤과 그레텔이라는 남매를 학대하고, 숲에 버리는 내용이 주를 이룬다. 그러나 잉겔베르트는 주인공 남매가 용감하게 힘든 상황을 극복해 내고, 다시 집으로 돌아온다는 해피엔딩으로 새로운 오페라 스토리를 만들어 냈다.

2. 오페라 감상하기

오페라 헨젤과 그레텔에서는 엄마의 학대와 친부의 방임 행동이 1막 초반부터 두드러진다. 오늘날 우리 주변에서도 친부모, 혹은 양부모의 학대로 죽어 가는 아이들이 있다. 오래전 100년도 더 된 독일의 한 가정에서 아동을 때리면서 아이들이 장난하는 것을 보고 "이기적인 녀석들"이라고 욕하는 장면을 보면, 당시 어른들이 아이들을 바라보던 시각이 어느 정도였는지 짐작이 된다. 오늘날 우리에게는 매우 불편한 모습이지만, 당시에는 힘없는 아동을 향해 행해졌던 일상적인 아동학대의 한 장면일지 모른다.

오페라 속 **계모**는 헨젤과 그레텔을 보고 음식을 낭비하는 쓸모없는 녀석들이라고 말한다. 아이들을 내쫓고서도 계모는 별 걱정이 없는 듯하다. **친부**는 빗자루를 만들어 사람들한테 파는 일을 하며 경제적으로 어렵게 살아가는 빈곤한 계층에 속해 있다. 헨젤과 그레텔에 등장하는 사람들은 경제적으로 어렵고 가난한 노동자 계층이 주를 이룬다. 힘든 상황 속에서 어린 헨젤과 그레텔은 밝은 모습을 보이며, 가족 내에서 버텨 보려고 하지만 상황은 1막 내내 더 나쁘게 흘러간다. 문득 2020년 10월 정인이 사망 사건과 이영학 아동살해 사건이 떠오른다. 헨젤과 그레텔의 위험한 미래가 1막 내내 불안감을 만들어 낸다.

오페라는 다행히 1막의 연장선상에서 숲속에서 벌어지는 헨젤과 그레텔의 가출, 그리고 방황의 순간을 잠깐 동안의 즐거운 멜로디로 마무리한다. 환상적인 그림형제의 동화 소설을 오페라 속에서 흥미롭게 잘 변화시켰다고 볼 수 있다. 신데렐라, 백설공주, 라푼젤, 그리고 빨간모자 소녀까지 등장하는 행복한 숲속 생활이 등장하기도 한다. 아이들이 집에서 가출한 후에 경험하게 될 일들이 아이들의 눈높이에 맞게 생생하게 잘 그려졌다.

1막에서 다양한 동화 속 많은 주인공들이 헨젤과 그레텔처럼 부모나 보호자로부터 학대받거나 방임당한 피해 경험이 있다는 것을 짐작할 수 있다. 예를 들면, 신데렐라는 계모와 언니들에게 학대를 당한 아이였다. 고통을 받다가 왕자님을 만나 해피엔딩으로 다른 삶을 살게 되었으나, 과거 학대피해 경험이 있다. 백설공주도 왕비인 새엄마에게 학대받다가 일곱 난쟁이가 사는 이상한 마을로 쫓겨난 전력을 갖고 있다. 라푼젤 역시 새 엄마의 감금행위에 성 속에 갇혀 지내다가 긴 머리를 로프 삼아 가출을 감행, 자신의 진짜 부모를 찾아 나선다. 빨간 모자 역시 할머니가 여우에게 잡아먹히게 된 후, 자신도 여우에게 끌려가서 죽음을 당할 위험 상황을 겪는다. 이런 이야기들은 당시 아이들의 노동력이 착취되고, 아이들이 학대당하는 것이 너무나 일반적으로 일어났던 당시 상황과 묘하게 맞닿아 있다.

인간은 왜 약자를 보호하고 돕는 것보다 착취하고 괴롭히는 데 더 열중하는가? 원래 인간은 숲속의 마녀처럼 힘 없고 가녀린 아이들을 괴롭히고 이용하려고 하는 악마 같은 존재인가? 도대체 어떤 이유로 일부 사람들은 어린 아동들을 착취하고 괴롭히는 행동을 하는 것일까?

2막에서 헨젤과 그레텔은 **마녀**의 집에서 마술의 포로가 되어 어쩔 수 없이 다시 집안일을 하는 신세가 되고 만다. 특히, 여동생 그레텔은 마녀의 일을 도맡아 하는 모습을 보여준다. 마녀는 헨젤을 통통하게 만든 후에 잡아먹을 계획을 갖고 있다.

동생이고 여자이지만, 이 작품 속에서 여동생 그레텔은 오빠인 헨젤보다 더 어른스럽고 영민하여 모든 상황에 적극적으로 행동하는 용감한 캐릭터로 그려진다.

엄마도 그레텔에게 일을 시키고, 오빠인 헨젤에게는 "어른스럽게 행동하고 더 책임감 있게 행동하는 모습을 보여야 한다."고 말한다. 여자라고 무조건 보호해야 한다는 사고방식이 아니라, 어린 여자도 남자 아이와 똑같이 노동시장에 참여해야 하고, 모든 집안일에 동원되어야 한다는 당시의 유럽의 사회 분위기를 보여주는 대목이다.

마녀가 그레텔에게 집안일을 시키며, 억지로 헨젤을 살찌우게 하는 이야기의 전개를 보면서, 우리는 보호자에게 버림받고 가출을 감행한 청소년들이 얼마나 무서운 세상과 마주하게 되는지를 간접적으로 알 수 있다. 부모의 학대를 피해 세상 밖으로 나왔지만, 결국은 더 위험한 어른이 기다리고 있다. 이 속에서 어린 아이들은 어떻게 건강하게 성장해야 할지 혼란스럽기만 하다. 가정 안에서 부모가 학대하고 괴롭혀 제대로 인생을 즐겨 보지 못하고 사망하는 아이들이 많은데, 그 고통을 피해 가출한 후에는 더욱 위험한 상황이 아이들을 기다리고 있다.

동반자살 혹은 가족 살해familicide and suicide로 불리는 잔인한 가족구성원(자녀) 살해 후 자살은 특히, 오늘날 우리나라에서 매우 심각한 범죄문제가 되고 있다. 자녀를 소유물로 생각하고, 자신과 함께 죽음을 맞게 하는 것이 끝까지 자신이 아동을 책임지는 길이라고 잘못 생각하게 된 데서 비롯된 일이다. 미국에서는 뚜렷한 예측 요인이 아직 밝혀지지 않아, 남성의 가족 살해 후 자살을 미국 내 아시안계 가족 문화의 문제점으로 보고, 계속해서 해당 문제를 세심하게 연구하고 있는 상황이다. 어린 자녀들의 자살동의는 진정한 '동의'라고 볼 수 없기에 동반가족 자살로 불려서는 안 된다.

우울증과 같은 심리적 불안 증상을 앓고 있다고 해서 모든 보호자들이 자녀들을 살해하고, 자살을 하는 건 아니다. 함부로 심리적인 불안감을 범죄행위의 직접적인 원인으로 단정지을 수 없다.

부모가 없는 경우에도 아이들이 착취당하거나 학대받지 않고 세심한 국가의 보호를 받으며 행복하게 살 수 있다는 것을 인식하게 되면, 가족 살해 후 자살은 발생하지 않을 것이다. 또한, 아이들과 부인을 계획적으로 죽이고, 처벌이 두려워 자살을 선택하는 경우와 구분해서 가족 살해 후 자살을 생각해야 한다. 많은 일반인들이 가족 살해 후 자살을 저지른 성인에게 '얼마나 힘들면 그랬을까'라는 동정어린 시선을 보내지만, 이 행동은 왜곡된 자녀 및 가족 소유욕에서 비롯된 것이고 그릇된 가부장적 사고방식에서 시작된 잘못된 범죄행동이다.

어떤 경우에도 자녀의 목숨과 안전을 부모의 자의적인 판단으로 앗아갈 수는 없다. 어린 아동과 청소년들은 "죽음"에 대한 의미를 성인만큼 정확히 알지 못한다. 부모와 보호자가 죽음을 제안하는 경우, 쉽게 자신도 함께 죽음을 맞이하겠다는 말을 하더라도, 이것은 성인들의 그것과 같은 온전한 동의 의사라고 볼 수 없다.

헨젤과 그레텔이 보여준 용기 있는 마녀 처형행위는 언뜻 보면 이 작품이 해피엔딩만 가득한 평범한 동화 속 이야기로 보이게 만든다. 오페라 속에서는 마녀의 손에 죽어 간 불쌍한 아이들이 좀비(눈 안 보이는 무서운)가 되어 살아났기 때문에 전혀 문제될 것이 없는 듯 보인다. 그러나 곰곰이 생각해 보면, 집에서의 학대를 피해 숲으로 도망간 많은 아이들이 좀비가 되었고, 장님이 되어 아무도 볼 수 없는 상황에서 헨젤과 그레텔이 숲에 왔다는 뜻이다. 오페라 속에서 일어난 끔찍한 이 일은 당시 사회에서 어떤 일이 일어났다는 것을 암시하는 것일까? 장애가 어린 아이들의 삶 전체를 망가뜨리고, 아이들의 폭력을 또 다른 문제 해결 수단으로 불러오는 악순환이 계속된다는 숨은 의미가 있다. 오페라 '헨젤과 그레텔'에서는 마녀에게 살해당하기 전에 남매가 극적인 반전을 만들어 오히려 마녀를 끓는 물에 밀어 넣어 살해를 면하게 되는 통쾌한 장면이 있다. 그리고 집에서 먹을 음식을 구해 오라고 내쫓았던 계모가 아빠와 함께 아이들이 살고 있는 마녀의 집에 찾아오면서 행복한 결말을 장식하게 된다.

II. 범죄학 이론: 사회해체이론, 비행하위문화이론, 생활양식이론

1. 사회해체이론(Social Disorganization Theory): 산업혁명 이후의 아이들

오페라 헨젤과 그레텔을 감상하다 보면, 주위에서 어린 주인공을 아무도 도와주지 않는다는 사실이 답답하게 느껴질 때가 많다. 집안에서 벌어지는 엄마의 학대에도 헨젤과 그레텔은 주위에 도움을 요청하지 못하고, 주변 이웃들도 어린 헨젤과 그레텔의 학대 환경에 크게 개입하지 않는다.

숲속에서도 어린 아이들이 혼자 길을 잃고 힘들어 할 때도 그 어느 곳에도 "착한 어른들"의 모습이나 선량한 "이웃 사람들"의 모습은 등장하지 않는다. 헨젤과 그레텔이 집 공간과 밖에서 거리를 이동하는 모습을 자주 보이지만, 모든 공간 속에서 도움을 주는 어른이 없고, 아이들은 위험에 노출된 듯 위태로워 보인다. 아동학대 가해자가 헨젤과 그레텔이 생활하는 집 안에만 있다고 생각했는데, 숲속에서도 아이들을 잡아먹는 "마녀" 같은 나쁜 범죄자를 만나게 된다. 대체 그 이유는 무엇일까?

1942년에 클리포드 쇼Clifford Shaw와 헨리 멕케이Henry McKay는 특정 지역 내에서 상대적으로 더 많은 범죄와 비행이 발생한다는 사실에 주목했다. 동심원모델Concentric Zone Model에 관심을 갖기 시작하면서 미국 시카고 지역의 범죄율에 공간적 특성이 어떻게 관여하는지 분석하기 시작했다.[5] 즉, 특정 공간의 특성과 범죄와의 관계에 관심을 기울이면서 새로운 시각에서 범죄 원인을 탐색하기 시작했다.

쇼와 멕케이는 1900~1933년 사이 미국 시카고 지역에서 일어난 실제 범죄 사건들을 검토해서 특정 지역zone이 상대적으로 더 위험한 범죄 전이지역transitional zone에 속한다는 것을 발견했다. 지역 및 공간적 특성에서 범죄문제를 찾을 수 있다는 새로운 주장을 펼치게 된 것이다.

18세기에 시작되었던 영국의 산업혁명은 미국으로 전파되었는데, 농경사회에서 공업사회로 서구의 사회구조가 변화되면서 거대한 도시들이 빠른 속도로 만들어졌다. 그리고 그 속에서 빈곤 계층의 범죄 문제가 급증하기 시작했다. 오페라 헨젤과 그레텔에서 등장인물들은 경제적으로 힘든 생활을 하는 것으로 묘사되어 있다. 엄마와 아빠 모두 돈을 벌기 위해 오랜 시간 밖에서 일해야 하고, 그로 인해 헨젤과 그레텔에게는 항상 짜증을 내며 집안 살림을 아이들이 더 열심히 할 것을 강요한다. 쇼와 멕케이는 특정 동네가 상대적으로 더 많은 청소년 가출과 비행, 범죄문제를 갖고 있다는 사실에 착안해 해당 지역이 다음과 같은 공통된 범죄유발 특징을 갖고 있다고 주장했다.

그 특징은 먼저, 인구 감소decreasing population이다. 점차적으로 거주 인구가 줄어드는 지역에서 범죄문제가 더 많이 나타날 수 있다. 사회생태학Social Ecology에서 주장한 동심원 이론에 따라 중심 사업지역이 전이지역, 근로노동자 지역, 거주민 지

---

5 https://en.wikipedia.org/wiki/Concentric_zone_model 참고 최종확인 2021년 4월 10일.

역, 통학지역으로 구분될 수 있는데, 전이지역 내에서 인구 감소 경향이 있는 장소가 특히 범죄발생에 취약하다고 봤다. 그리고 외국인과 이민자들이 많이 거주하는 지역이 더 범죄 발생이 높다는 주장을 했다. 동시에 극단적인 경제적 어려움으로 인해 기초생활 수급자들이 많이 모여 있는 곳과 자택 소유 비율이 낮은 동네가 더 취약하다고 평가했다.

헨젤과 그레텔은 집을 떠나 완전히 새로운 곳으로 이동했다고 믿었고, 어쩌면 숲속 마녀의 집은 자신들을 학대하는 집보다 더 안전하고 좋은 곳이라고 믿었는지 모른다. 그러나 오페라에서 보듯, 가족 구성원의 학대를 피해 어린 아동들이 가출 후 경험하게 된 것은 또 다른 범죄 피해 환경이었다. 쇼와 멕케이는 물리적인 사회 환경과 사회 조직 구조가 범죄와 깊이 연관되어 있다고 보았다. 일부 지역의 특징이 바로 "차별적인 가치 구조differential value system"를 만들어 낸다고 가정한 것이다. 가정에서 아동을 학대하는 분위기는 어쩌면 지역 구성원들이 갖고 있는 지역 내에서 벌어지는 아동에 대한 무관심과 아동보호에 대한 무지 등에서 비롯된 것일 수 있다.

쇼와 멕케이는 극단적인 빈곤 문제를 겪고 있는 지역과 거주민 이주율이 높은 동네가 특히 사회해체social disorganization 문제를 심각하게 겪는다고 봤다. 올바른 사회 가치를 지역 구성원이 공유하지 못하게 됨으로써, 주변 이웃들에게 별 관심을 기울이지 않고, 범죄 상황에도 별로 신경을 쓰지 않는 분위기가 만들어진다고 봤다. 이로 인해 집합적 효능감이 떨어지는 위험한 상황이 초래된다고 본 것이다.

헨젤과 그레텔이 숲속에서 길을 잃었지만, 숲속 근처에 살던 마을 사람들이 아이들을 우연히 스쳐 지나갔다면, 상황이 달라졌을까? 혹시 당시 마을 사람들이 헨젤과 그레텔을 보고도 못 본 척한 것은 아닐까? 사회해체이론에서 말하는 "지역의 통제력community control"과 "집합적 효능감collective efficacy"이 헨젤과 그레텔이 살던 그 동네에도 있었는지 궁금하다.

2. 비행하위문화 이론(Subculture Theory): 아동·청소년 가출 문제

헨젤과 그레텔이 집에서 경험한 부모 학대 상황과 산속에서 길을 잃게 된 상황을 아동, 청소년의 가출 문제와 연결해서 생각해 볼 수 있다. 쇼와 멕케이가 거시적인 차원에서 사회구조적 지역 특성을 범죄와 비행의 원인으로 꼽았다면, 엔더슨 Elijah Anderson은 범죄학자로서 미시적 차원의 사회과정주의 범죄학 입장에서 청소년 가출과 비행 문제를 분석했다.

엔더슨(1999)은 미국 사회의 길거리 문화Code of the Street를 강조하며, 특정 지역에서 통용되는 비행 문화를 아이들이 학습해 비행과 범죄가 발생한다는 주장을 했다. 특히, 거리에서 만들어진 하위문화subculture가 주류 미국 사회 문화와 일치하지 않음에도 불구하고, 특정 지역의 청소년들은 해당 하위문화를 더 쉽게 받아들이는 경향이 있다고 보았다. 엔더슨이 관찰한 비행 하류문화는 주로 위험한 상황을 하나의 운명으로 당연하게 받아들이고, 과도한 남자다움을 겉으로 드러내고, 문제 상황을 폭력으로 해결하는 것 등을 말한다.

특이한 점은 엔더슨이 이러한 길거리 문화를 청소년들이 받아들이는 이유를 바로 개인이 속한 가정 내 분위기 속에서 찾았다는 점이다. 사회 하위문화를 무조건 아이들이 학습하고 받아들이는 것이 아니라, 가정이 빈곤 문제와 차별, 학대, 가족 갈등 등의 문제를 갖고 있을 때 사회 하위문화를 익히게 된다고 보았다. 가족 내부의 문제가 심각해지면, 결국 청소년들은 가정 내에서 올바른 가치관이나 관습적 규범을 학습하지 못하게 된다. 대신, 가출 경험을 통해 지역사회 내 하위문화를 자신의 신념과 가치체계로 받아들이게 된다. 쇼와 멕케이가 "사회 구조적 특징"에 주로 관심을 기울였다면, 엔더슨은 사회 구조적 특징에 추가로 개인의 하위문화 학습이라는 "개인의 사회화 과정"을 새롭게 덧붙였다고 볼 수 있다.

길거리 문화를 새로운 가치 체계로 학습한 청소년들은 가족 구성원들의 학대 상황으로부터 자신을 보호할 수 있다는 생각을 하게 되고, 가출 후 집 밖에서도 공격적 성향의 정체성을 폭력 행위를 통해 어느 정도 형성하게 된다. 엔더슨은 빈곤 가정의 문제가 부모나 보호자의 관리, 감독 미흡 문제를 불러오고, 동시에 아동, 청소년의 학대 피해 경험 등을 증가시킨다고 봤다. 이로 인해 아이들은 무기력감을 느끼다가, 자신의 생존을 위해 가출 후 길거리 문화를 학습하여 폭력적인 행동들을 하나의 하위문화로 익히게 되는 것이다.

오페라 헨젤과 그레텔에서 두 주인공이 길거리 문화를 얼마나 체험했는지는 정확히 알 수 없다. 헨젤과 그레텔이 마녀의 집에 감금되어 억울하게 마녀에게 살해당할 위험에 처하게 되었을 때, 다른 피해 아동들과 달리 폭력적으로 마녀를 제압

하는 모습을 보였는데, 과거 어느 정도 강인한 생존본능을 갖고 있었던 것으로 볼수 있다. 무조건적인 폭력성을 보이지는 않았지만, 헨젤과 그레텔 스스로 자신들의안전을 확보하기 위해 마녀에게 맞서는 물리적 힘을 보여주었다. 숲속에서 길을 잃고 방황을 하면서 자연스럽게 "싸우고 맞서는 하위문화"를 습득한 것인지도 모른다.

엔더슨이 말한 빈곤과 훈육 부재, 그리고 피해자화 경험이 아동들을 가정에서탈출하게 만드는 가혹한 상황은 지금도 계속해서 만들어지고 있다. 따라서 우리나라에서는 가출 이후 청소년들이 안전하게 지낼 수 있는 가출 청소년 보호정책과 쉼터 공간운영이 체계적으로 더 많이 이루어져야 할 것이다.

오늘날 가출 청소년들이 생계를 해결하기 위해 소위 '가출팸'이라는 것을 형성하는데, 이것은 가출 패밀리의 준말로 청소년들 사이의 은어로 통용된다. 인터넷, 스마트폰 앱 등을 통해 가출 후 혼거 생활을 하는 청소년들을 연결해 주는 상황 속에서 비행청소년들은 의제 가족을 만들기도 한다. 이로 인해 청소년들은 또 다른 위험 상황에 스스로를 노출시키고, 본인이 피해자가 되는 범죄 취약 상황을 경험하기도 한다.[6]

가출팸 사이에서 범죄 가해 또는 피해 상황이 발생하기도 하고, 범죄 공범 상황이 만들어지기도 한다. 가출 후 청소년들이 잘못된 길거리 하위문화를 경험하지 않도록 긴급 쉼터 등의 안전 공간이 더 효율적으로 운영되어야 할 것이다. 오페라 헨젤과 그레텔에서 숲속 근처에 아이들을 위한 보호공간이 따로 있었다면, 어땠을까 하는 생각을 해 본다. 아이들이 가출 후 힘들고 배가 고플 때 보호시설이 근처 어딘가에 있었다면 마녀의 집에는 결코 발을 들여놓지 않았을 것이다.

3. 생활양식이론(Lifestyle Theory)

헨젤과 그레텔은 가난한 부모 밑에서 부모의 일을 도우며 살지만, 항상 밝은 성격을 유지하며 웃음을 잃지 않는 사이좋은 남매다. 오페라에서 1막이 시작되면 오두막에서 일을 하는 남매의 모습이 나타난다. 아버지를 돕기 위해 빗자루를 만드는 헨젤과 어머니를 돕기 위해 양말을 뜨고 있는 그레텔은 힘든 일을 하면서도 서로

---

6 https://terms.naver.com/entry.naver?docId=2070440&cid=55570&categoryId=55570 최종확인
2021년 4월 10일.

장난을 치며 노래를 부르는 밝은 모습을 보여준다.

그러나 남매가 어지럽힌 집안을 보고, 엄마는 화가 치밀어 오른다. 화가 난 엄마가 남매를 숲속으로 내쫓는다. 남매의 아버지가 돌아와 아이들을 찾을 때는 이미 날이 어두워진 후였다. 한편, 헨젤과 그레텔은 숲속에서 딸기를 따면서도 장난을 치느라 날이 어두워지는 것도 모른다. 결국 길을 잃고 숲속에서 잠이 든 남매는 날이 밝자 과자로 만든 집에 다다르게 된다. 과자로 만든 집에서 배를 채우던 남매는 그 집에 살고 있는 마녀에게 잡히는데, 마녀의 정체는 과자로 아이들을 유혹해서 잡아 먹는 악명 높은 숲속의 괴물이었다.

헨젤과 그레텔은 마녀에게 잡아먹힐 뻔한 순간에 꾀를 써서 마녀를 화덕에 밀어 넣고 간신이 목숨을 건지게 된다. 마녀가 불에 타 죽자 그동안 마을에서 마녀에게 잡혀간 아이들도 모두 살아나게 된다.

헨젤과 그레텔의 부모와 마을 어른들이 숲속에 찾아와 자신의 아이들과 재회하며 오페라는 막을 내리게 된다. 동화를 원작으로 한 만큼 해피엔딩으로 마치게 되지만, 오페라 곳곳에서 어른들이 먹을 식량을 줄이기 위해 의도적으로 아이를 쫓아내는 잔혹한 현실을 보여주고, 더 나아가 버려진 아이들을 잡아먹는 마녀를 등장시킨다. 그리고 마녀를 화덕에 밀어 넣어 복수를 하는 그레텔의 모습은 분명 아동극으로 보기에는 다소 폭력적이고 잔인한 면이 있다.

1970년대 말에 발표된 **생활양식 - 노출이론**Lifestyle-Exposure Theory은 '왜 범죄를 저지르는가?'라는 질문 대신에 피해학Victimology 차원에서 '왜 피해를 당했는가?'에 대해 답을 찾고자 한다.

이 이론은 범죄에 대한 의문을 가해자에게서 피해자로 옮겨가며 가해자와 비교하여 상대적으로 피해자에게는 관심을 가지지 않았던 기존 형사절차와 학계에 큰 변화를 일으켰다. 정말 특정 피해자에게 피해가 발생해야 하는 특정한 원인이 있는 것일까? 만약 그런 원인이 있다면, 우리는 범죄 피해를 당하지 않을 방법도 찾을 수 있는 것이 아닐까? 범죄발생은 반드시 범죄 피해자 관련 요소와 함께 검토되어야 한다는 의견이 만들어졌다.

생활양식 - 노출이론은 피해자가 지닌 특정 생활 습관이 범죄에 스스로를 노출시켜 피해자를 더욱 취약하게 만들 우려가 있다고 본다. 특정한 생활양식이 피해자로 하여금 범죄에 노출될 확률을 증가시키는 것이다. 지름길로 가기 위해 사람이 없는 으슥한 길로 자주 다니는 사람은 상대적으로 가시성이 높은 대로변으로 걸어 다니는 사람보다 범죄 피해를 당할 가능성이 크다.

그리고 늦은 밤에 술을 먹기 위해 외출을 하면서 친구 없이 혼자 술을 즐기는 경우는 친구가 있는 경우보다 잠재적 피해 대상이 될 가능성이 더 크다고 본다. 동기화된 범죄자에게 더 매력적인 피해자로 보이기 때문이다. 주로 술에 취해서 혼자 거리를 비틀거리며 걷는 사람이 강도 피해 대상으로 쉽게 표적이 되는 것도 바로 이러한 이유 때문이다.

오페라 헨젤과 그레텔에서 아동학대를 받던 두 주인공이 위험한 숲속에서 어른들이나 보호자의 감독 없이 과일 따는 일을 과거에도 자주 했던 것으로 추측해 볼 수 있다. 아이들이 보호자 없이 낯선 길을 다니다 보면, 쉽게 범죄 피해의 표적이 될 수 있다. 부모가 항상 옆에 같이 있는 경우라면, 설사 아이들이 마녀의 과자 집을 지나가는 경우에도 쉽게 감금되는 일은 없었을 것이다. '보호자의 부재'가 아이들을 쉬운 범죄 피해 대상으로 만들었다.

어쩌면 헨젤과 그레텔 같은 어린 아이들이 숲속 근처에서 일을 하는 경우가 많고, 늦은 시간에 길을 잃는 경우도 많다는 것을 마녀는 이미 알고, 일부러 그곳에 "과자로 만든 집"을 지었는지도 모른다. 아이들이 배고프고 힘든 상황이 되면, 보호자도 없는 상황에서 자신의 집에 들어올 수밖에 없을 것이라 생각하며 고의적으로 유혹의 덫을 설치해 놓은 것이다. 피해자 아이들의 생활이 숲속 근처에서 이루어지고, 과일을 따러 올 때 어른들과의 동반 없이 아이들만 온다는 것을 이미 마녀가 알고 있었던 것이다.

주의해야 할 점은 피해자의 특정 생활양식lifestyle이 피해 관련성은 높지만, 그것이 단독으로 유일한 피해 유발 원인으로 작동하는 것은 아니라는 것이다. 밤늦은 시간에 혼자 술집을 찾는 습관이나 생활양식이 있다고 해서 그 행동 하나만을 보고 그것이 범죄의 원인이라고 단정지을 수는 없다.

과거 생활양식이론이 피해자를 보호하는 것이 아니라, 피해자를 비난하는 방식으로 이루어지면서 한때 이를 중단해야 한다는 자성의 목소리도 나왔다Felson & Burchfield, 2004. 생활양식이론을 바탕으로 해서 피해 발생 원인을 연구할 때, 피해자의 삶의 방식을 비난하거나 도덕적으로 낮게 평가하는 방식은 지양해야 하고, 인과관계를 설명함에 특히 주의할 필요가 있다.

코헨과 펠슨Cohen & Felson은 **일상활동이론**Routine Activity Theory을 바탕으로 1979년에 범죄 피해가 일어나는 특정 상황에 세 가지 공통된 특징이 있음을 지적했다. 그들의 주장에 따르면 첫째, **동기가 부여된 범죄자**, 둘째, **적절하고 매력적인 피해자로서의 표적대상**, 셋째, 보호자 및 **보호능력의 결여**라는 세 가지 조건이 충족되면 범죄가 일어나게 된다고 볼 수 있다. 동기가 부여된 범죄자가 존재하면서 매력적인 표적이 있고 동시에 그 매력적인 표적이 자신을 보호할 수 있는 능력이 없는 상태라면 범죄가 발생할 수밖에 없다는 것이다. 범죄의 원인을 가해자의 특징과 주변 감시능력의 부재에서 찾으면서, 보조적으로 피해자의 특징을 포함하려는 자세를 유지함으로써 취약한 피해자의 재피해화revictimization 경험을 방지하는 종합적인 범죄예방 대책을 논의하게 되었다.

헨젤과 그레텔은 위의 세 가지 조건을 모두 충족했다고 볼 수 있다. 아이들을 "잡아먹고 싶어 하는 마녀"가 숲속에 존재했고, 그 마녀 앞에 길을 잃고 헤매는 아이들은 무척이나 "매력적인 표적"이었을 것이다. 게다가 마지막으로 아이들을 "보호해 줄 사람"이 숲속에는 전혀 없었다. 마녀가 숲속에서 아이들을 기다리고 있다고 해도 아이들이 숲속을 돌아다니는 동안 부모가 아이들과 항상 함께 있었다면 아이들은 마녀에게 잡혀가지 않았을 것이다.

동화 속의 마녀는 현실세계에는 없겠지만 현대 사회에도 온갖 나쁜 의도로 아이들 주변을 맴도는 어른들이 존재하며 아이들은 힘이 약하다는 것만으로도 범죄유형을 불문하고 매력적인 표적이 된다. 만약 두 요건이 존재한 상태에서 보호능력이 결여된다면 아동을 대상을 한 범죄로 이어질 가능성이 높아지는 것이다. 아이들에게 보호능력이란 부모의 올바른 양육과 지도, 감독과 같은 보살핌이다. 일상활동이론의 주장이 아니더라도 부모와 자녀의 긍정적인 관계는 범죄학에서 매우 중요한 범죄예방 요인으로 다루어지고 있다.

Ⅲ. 오페라 『헨젤과 그레텔』 파헤치기

1. 일명 "정인이법"을 통한 아동학대 예방

아이를 남에게 맡기기가 무서워지는 세상이라고 말할 정도로 최근 우리나라에서는 경악할 만한 아동학대 관련 뉴스가 계속해서 터져 나온다. 국경과 시간을 가리지 않고 아동이란 보호받아야 될 대상이고, 어른은 그러한 아동의 보호에 대해 책임을 가진다. 특히 아동의 보호자로 분류되는 교사, 부모, 아동 돌봄 도우미와 같은 사람들이 가지는 그 책임은 더욱 크다. 하지만 요즘 우리가 접하는 소식들은 아동에게 보호의 책임을 다하기는 커녕 너무 잔인하고 가혹한 학대행위를 일삼는 부모와 보호자에 대한 이야기가 많다.

이러한 사건의 가해자들은 '훈육을 위하여', '아이를 너무 사랑해서'라는 변명을 하지만 이는 자신의 범죄를 축소하려는 시도일 뿐 그들의 진심이라고 보여지지는 않는다. 결국 2014년에 '아동학대범죄의 처벌 등에 대한 특례법'이 시행되었다. 그리고 최근 2021년에는 우리나라에 일명 "정인이법"이 통과되면서 경찰의 즉시 아동학대 수사 의무가 강조되기 시작했다. 유관기관 간의 통합 업무 효율화도 빠르게 진행되게 되었다. 자녀에 대한 징계권도 공식적으로 없어져 이제 명실상부 훈육이라는 이유로 아동에게 저질러졌던 훈육목적 체벌(신체학대)은 사라지게 되었다고 말할 수 있다.[7] 아동학대를 처벌하는 것은 물론이며 아동 관련 종사자의 아동학대 인지 기반 신고도 의무적으로 법으로 규정되게 되었다. 또한, 아동학대 의심 상황에서 일반인들도 보다 적극적으로 신고를 해야 한다는 인식을 갖게 되었다. 신고를 받은 수사관이 즉시 아동학대의 현장에 출동하는 것도 법으로 규정되어 앞으로 아동학대 범죄에 대한 강력한 처벌을 기대하게 되었다.

학대받는 아동은 학습된 무기력으로 장기간 외부에 도움을 청하지 못한 채 심각한 고통 상황에서 생활할 가능성이 크다. 아이는 방임과 폭력을 행사하는 성인에게 아무런 대응도 할 수 없다. 이것이 바로 아동학대 범죄에 강경하게 대응해야 하는 이유이기도 하다. 아동학대는 학대 상황에서 직접적으로 학대를 받는 아동의 피해만큼이나 아동의 일생 전반에 악영향을 미치는 심각한 범죄이다. 학대를 경험한 아동은 자존감이 낮아지고, 이러한 낮은 자존감과 불안은 성인이 되어서도 없어지지 않을 가능성이 크다.

낮은 자존감과 우울, 불안 등의 감정은 아동·청소년들이 저지르는 범죄의 주요한 원인으로 꼽히고 있다. 다시 말하면, 아동학대의 피해자였던 아동이 성인이 되어 또 다른 범죄의 가해자가 될 가능성이 크다는 것이다. 이러한 연결고리의 시작은 무책임한 성인의 행동에서 비롯되었다. 아동에 대한 성인의 책임은 단순히 한 가족

---

[7] https://news.joins.com/article/23964838 최종확인 2021년 4월 10일.

구성원, 한 어린이집의 문제는 아닌 것이다. 폭력의 되물림과 가해 피해 중첩문제를 함께 고민해야 한다.

2. 아이에게 소홀한 부모와 방임된 아이를 이용하는 마녀

헨젤과 그레텔의 1막은 헨젤과 그레텔의 집을 배경으로 시작된다. 빗자루를 만들어 파는 아버지의 일을 돕느라 집에서 노동을 하며 빗자루를 만들고 있는 남매의 모습이 보인다. 하지만 어린 남매는 힘든 일을 뒤로 한 채 장난을 치며 한참을 재미있게 노느라 막상 빗자루는 만들지도 않고 있다. 집에 돌아온 남매의 어머니, 게르트루트는 남매에게 집에 먹을 것이 하나도 없다며 일을 돕지 않을 생각이면 숲속에 가서 딸기라도 따오라며 남매를 숲으로 보낸다.

헨젤과 그레텔의 집을 보여주는 1막에서 우리는 이들의 '가난'에 주목하게 된다. 오페라의 1막에서는 남매의 집이 얼마나 가난한지 쉽게 알아차릴 수 있다. 아이에게 소홀했던 부모의 방임행위에 가난이라는 변명의 여지를 주고 있지만, 사실 빈곤이 부모의 무책임에 대한 변명은 될 수는 없다.

2막은 숲속으로 딸기를 따러 간 남매가 즐겁게 딸기를 따는 장면으로 시작된다. 숲을 배경으로 하는 2막에서 남매는 가난해서 먹을 것이 없어 숲으로 딸기를 따러 온 것이라고는 믿기지 않을 만큼 즐겁기만 하다. 그레텔은 꽃으로 화관을 만들며 노래를 부르고 헨젤은 딸기를 따먹느라 정신이 없다. 그렇게 시간이 지나 어두워지자 남매는 집으로 돌아가는 길을 잃고 헤매게 된다. 잠의 요정이 남매에게 마술가루를 뿌리고 남매는 졸음을 이기지 못하고 잠이 든다.

3막에서는 과자로 만들어진 마녀의 집이 등장한다. 잠에서 깨어난 남매는 과자로 만든 집을 보고 과자를 떼어 먹으며 배고픔을 달래려고 한다. 집에서 나온 마녀가 상냥한 척 남매를 유인하여 집안으로 들어오게 한다. 불안을 느낀 남매가 달아나려 하자 마녀는 마법을 부려 헨젤을 커다란 새장에 가두고 그레텔은 큰 냄비에 물을 끓이는 일을 시킨다.

자신을 살찌워 잡아먹으려는 마녀의 속셈을 눈치챈 헨젤은 손가락 대신 뼈다귀를 내밀어 마녀를 속이고, 그레텔은 화로를 다루는 방법을 모르겠다며 묘책을 부려 화로로 다가온 마녀를 커다란 화로 속으로 떠밀어 버린다. 이렇게 남매는 무사히

탈출하고 그동안 잡혀 있던 아이들도 무사히 풀려난다. 아이들을 찾으러 온 부모님과도 재회하여 다같이 노래하고 춤추며 오페라의 막이 내려가게 된다.

1. 일상활동이론에서 설명하는 세 가지 범죄발생 조건에 대해서 이야기해 봅시다. 실제 범죄사례를 활용해서 세 가지 조건을 각각 설명해도 좋습니다.

2. 아동의 범죄 피해를 예방하기 위한 예방법을 일상활동이론과 연관지어 생각해 봅시다.

3. 자녀를 제대로 돌보지 않아 다치거나 죽게 하는 것은 형법상 아동학대 범죄에 해당합니다. 우리 사회에서 발생한 최근의 아동학대 범죄 사례를 찾아 해당 범죄의 처벌 양형 수준을 확인하고, 범죄 발생 기제 및 아동학대 예방 대책에 대해 논의해 봅시다.

오페라 이해하기

1. 오페라 헨젤과 그레텔에서 보여주는 "아동학대" 사례를 특정 대사나 장면을 통해 확인해 봅시다. 얼마나 많은 아동학대 상황이 오페라 속에서 발생했을까요?

2. 헨젤과 그레텔 외에 다른 아동 동화집(ex. 신데렐라, 라푼젤, 백설공주, 인어공주 등)에서 어떤 유사한 아동학대 상황이 발생했을까요?

3. 오페라 헨젤과 그레텔에서 맨 처음 1막에서 아이들을 숲속에 보낸 근본적인 이유는 어디에 있을까요? 미시적인 관점과 거시적인 관점을 모두 활용해 그 이유를 설명해 봅시다.

4. 만약 헨젤과 그레텔이 가난한 가정이 아니라, 경제적으로 부유한 집에서 성장했다면 아동학대의 피해 사례가 덜 발생했을까요? 빈곤과 아동학대 문제를 어느 정도 연관시켜 생각할 수 있을까요?

● 아… 그렇구나!

- 오페라 헨젤과 그레텔은 1막에서 유럽의 산업혁명 시대에 실제 발생했던 아이들의 비참한 일상을 잘 보여주고 있습니다. 당시 영국의 한 평론가는 이 오페라가 '가난'을 지나치게 강조해 어린이 관객들에게 불안감을 심어주었다고 비판하기도 했었습니다. 분명한 것은 헨젤과 그레텔이 아동들의 노동력이 간절히 필요했던 당시의 실제 상황을 잘 묘사했다는 점입니다.

- 2차 대전 직후에는 그레텔이 마녀를 화덕 속에 가두고 태워 죽이는 장면이 나치가 유태인들을 가스실에서 죽여 불태운 '크레마토리움(소각기)'을 연상시킨다는 이유로 관객들이 거칠게 항의한 적도 있습니다. 이로 인해 한때 오페라 상연이 어려워지기도 했었습니다.

- 연출가 로랑펠리는 헨젤과 그레텔에 등장하는 마녀의 과자 집을 과자로 가득 찬 대형 마트로 연출하기도 했었습니다. 이로 인해 과자로 가득 찬 마트 무대가 어린 관객들의 눈길을 끌기도 하였습니다. 시대에 따라 어린 관객들이 좋아하는 무대 장치가 오페라 헨젤과 그레텔에서 그 모습을 매번 달리하기도 합니다.[8]

● 최근의 아동학대 관련 정책

아동복지법 제3조 제7호에 따르면 아동학대란 보호자를 포함한 성인이 아동의 건강 또는 복지를 해치거나 정상적 발달을 저해할 수 있는 신체적, 정신적, 성적 폭력이나 가혹행위를 하는 것과 아동의 보호자가 아동을 유기하거나 방임하는 것을 말합니다. 다시 말해, 아동학대를 규정함에 있어 적극적인 가해행위뿐만 아니라 소극적 의미의 방임행위까지 아동학대의 정의에 포함하고 있다고 볼 수 있습니다. 2014년 9월 29일에 시행된 '아동학대 범죄의 처벌 등에 관한 특례법' 제3장 제10조에서는 '누구든지 아동학대범죄를 알게 된 경우나 그 의심이 있는 경우에는 아동보호전문기관 또는 수사기관에 신고할 수 있다.'라고 명시하여 의심이 가는 경우 폭넓게 신고를 하도록 하고 있으며, 관련 직무에 종사하는 사람에게는 그 신고 의무를 법으로 규정해 놓았습니다.

---

8 https://terms.naver.com/entry.naver?docId=3577136&cid=59000&categoryId=59000 네이버 지식백과 사전 中 최종확인 2021년 1월

카르멘:
일반긴장이론,
차별적 접촉이론,
표류이론

카르멘 그녀는 데이트폭력 피해자였다.

카르멘: 일반긴장이론, 차별적 접촉이론, 표류이론
카르멘 그녀는 데이트폭력 피해자였다.

카르멘은 한마디로 걸작이다. 조르주 비제는 우리 시대에 가장 영향력 있는 작곡가이자 거장이다. 37세의 나이로 요절한 천재에게 진심을 바친다.

- 1876년 차이코프스키

Ⅰ. 비제의 카르멘(Carmen): 호세의 집착과 데이트폭력 살인

1. 시작만큼 중요한 사랑의 끝

세계에서 가장 사랑받는 "카르멘"은 프랑스 극작가가 만든 소설 **프로스페르 메리메의 원작**을 **조르주 비제**(1838~1875)가 오페라로 무대에 올린 작품이다. 소설을 오페라 곡으로 승화시킨 이 작품은 열정적인 집시 여인 카르멘의 사랑과 죽음을 바탕으로 했다. 순진한 직업군인 병사 **돈 호세**와 원하는 것은 무엇이든지 얻어야 직성이 풀리는 열정적인 집시 여인 **카르멘의 사랑**을 바탕으로 했다.

1875년 3월 3일 프랑스 파리에서 초연되었던 이 작품은 처음에는 별 인기를 끌지 못했다. 카르멘의 선정적인 줄거리가 당시 사회에서 많은 사람들로부터 비난을 받았다. 당시 오페라를 즐기던 상류층 사람들이 받아들이기에는 캐릭터와 줄거리가 너무 충격적이었다. 순종적이고 가녀린 청순한 스타일의 여자 주인공을 내심 기대했던 당시 청중들은 카르멘을 보고 실망했고, 당시 가장 천시받았던 빈민 집시 집단의 여성을 주인공으로 하면서 밀매와 절도, 범죄, 살인 등의 끔찍한 이야기를 담았다는 사실에 부정적인 평가를 내렸다.

카르멘과 호세는 우연한 사건을 계기로 계획에 없던 급작스런 사랑에 빠지게 된 커플이었다. 어떻게 카르멘과 연애를 해야 하는지 몰랐던 순진한 호세는 카르멘의 유혹에 큰 혼란을 느끼게 된다. 정통 연애학개론 이야기와 성숙하게 사랑을 끝내지 못한 비극적인 이별학개론 이야기가 카르멘과 호세의 러브 스토리 속에서 펼쳐진다.

이 오페라는 남녀 간의 사랑과 신뢰 관계가 서로에게 어떤 의미가 있는지 묻고 있고, 어떤 방식으로 건강한 이별과 헤어짐을 맞이해야 하는지에 대해서 묻고 있다. 그리고 사회적 신분을 뛰어넘은 사랑의 의미와 여성성에 대한 왜곡된 인식을 보여 주고 있다. 카르멘 초연 후 공연이 실패했다는 소식을 접한 채 억울하게 세상을 떠난 작곡가 비제는 시대를 앞서가는 스토리와 음악적 해석, 오페라 주제를 알아보는 안목이 있었다.

세월이 흐른 오늘날에도 서로 반대되는 성격을 가진 두 남녀가 어떻게 서로에게 이끌리게 되는지, 그리고 열정적인 사랑 뒤에 결국 헤어짐의 순간에서 얼마나 서로를 잘 이해하지 못하고 상대방을 괴롭히는지 대해서도 이 작품은 예리하게 잘 보여준다. 비제는 그 누구보다도 더 현실감 있게 등장인물의 감정을 잘 표현해 냈다. 호세와 카르멘의 이야기를 통해 데이트폭력 살인과 가정폭력 관련 범죄 문제의 심각성을 우리의 일상에서 생생하게 생각해 볼 수 있다.

왜 여성과 남성이 연인으로 발전하여 꽃 같이 좋은 시절을 보내고 나면, 처음의 감정은 사라지고 마는 것일까? 한쪽의 감정과 달리, 감정이 식은 다른 한쪽의 마음을 상대방은 어떻게 상처 없이 받아들여야 할까? 처음의 만남과 흥분의 순간은 속절없이 사라지고, 원치 않는 이별을 경험하게 되는 경우는 왜 그렇게 많을까? 헤어짐의 순간에는 왜 서로에게 자신의 상황만을 이야기하고, 심지어 상대방에게 고통을 가하며 괴로움을 주는 잔인한 행동을 하게 되는 것일까? 왜 많은 사랑 이야기가 이별의 순간에 상대방을 괴롭히고, 심지어 죽음에 이르게 하는 잔혹한 "범죄" 문제를 야기하는 것일까? 오페라 카르멘은 남녀 간의 사랑과 갈등 관계에 대해서 많은 질문을 하게 만든다.

이 작품은 가장 가까운 거리에서 서로를 지켜주고, 사랑해 주어야 하는 연인 간의 범죄, 즉 데이트 폭력과 살인, 남녀 간의 치정 문제를 다룬 비극적인 오페라이다. 대인범죄Interpersonal Crimes를 설명하는 많은 범죄학Criminology 이론 중 데이트 중이거나 과거 연인 관계, 동거 상황에 있는 사람들 간의 범죄행동을 말하는, "배우자 연인 폭력Intimate Partner Violence" 문제를 범죄학 관점에서 살펴보기로 한다.

보통의 많은 사람들은 사랑하는 사람의 급작스런 이별 요구에 '건강한 방식으로 상대방을 보내줄 줄 아는 이별전문가'의 모습을 보인다. 가슴이 아프지만, 사랑하는 사람이 원하는 방식대로 관계를 끝낼 줄 알고, 상대방을 건강하게 보내주는 어른스러운 모습을 보이는 것이다.

하지만 일부 사람들은 자신을 떠나려고 하는 연인에게 "호세"와 같은 이기적인 모습을 보이도 한다. 우리 자신은 과거에 어떤 사랑을 했을까? 현재 우리는 어떤 사랑을 하고 있는가? 사랑의 시작과 끝을 모두 잘 해낼 수 있는 진정한 연애 전문가인가? 이별은 사람과의 관계를 끝내는 순간에 필요한 기술로 사랑의 시작과는 사뭇 다른 방식을 필요로 하는 건 아닐까?

데이트폭력과 가정폭력은 많은 범죄 중 친밀한 관계 속에서 벌어지는 가장 악랄한 범죄행위이고, 가까운 관계 사이에서 은밀하게 벌어지는 잔인한 범죄 중의 하나다. 교묘하게 상대방의 영혼을 파괴시키는 이 범죄는 결코 사랑이라는 이름으로 합리화될 수 없고 가려질 수 없다. 설사 호세가 사랑하는 여인 때문에 군대에서 쫓겨나서 밀수를 하는 조직범죄에 가담하는 도피자 신세로 전락했다 하더라도, 데이트폭력이라는 범죄행동은 결코 정당화될 수 없다. 호세의 문제 행동을 범죄학에서 중요하게 다루는 **일반긴장이론**General Strain Theory과 **차별적 접촉이론**Differential Association Theory, **표류이론**Drift Theory, **학습된 무기력**Learned Helplessness으로 살펴볼 것이다.

카르멘이라는 오페라를 통해 우리 주변에서 일어나는 많은 데이트폭력 사건에 대해 더 깊은 관심을 가지고, 조기에 피해자를 보호할 수 있는 다양한 조치들을 고민해 보는 기회를 갖기 바란다. 데이트폭력 신고, 안전한 데이트폭력사건 개입, 효과적인 피해자 보호 및 지원 체계를 만드는 데 우리 모두가 변화 노력을 보이고, 일상생활 속에서부터 해당 범죄문제에 큰 관심을 가져야 한다. 데이트폭력 목격자와 피해자, 그리고 잠재적 가해자가 보이는 문제 행동의 원인, 범행과정, 재범 방지 방안 등에 대해 깊이 있는 논의를 해야 데이트폭력 문제를 효과적으로 예방할 수 있다.

개인이 경험한 특정인과의 친밀한 관계가 세상에서 가장 안전하고 건강하게 잘 작동될 때, 내가 속한 전체 사회의 안전과 치안유지가 가능해진다. 내 삶 속의 인간관계가 만남과 헤어짐의 연속이라는 사실을 인정하면서, 모든 연인 간의 관계가 "안전safety"을 전제로 관계의 시작과 끝을 이어 나가게 해야 할 것이다. 오페라 속에서의 인연은 비극으로 끝이 났지만, 현실 속 다른 버전의 호세와 카르멘의 사랑은 부디 관계의 시작과 끝이 서로에 대한 배신과 폭력이 없는 해피엔딩으로 끝나길 바란다. 지금부터 비제의 아름다운 선율을 들어 보면서 주요 범죄학이론(일반긴장이론, 차별적 접촉이론, 표류이론)을 학습하도록 한다.

2. 오페라 『카르멘』 감상하기

오페라 카르멘의 시대적 배경을 이해하게 되면, 카르멘과 호세의 열정적 사랑의 의미와 관계의 깊이를 더 정확하게 이해할 수 있다. 1820년대 당시 신대륙 정복에 열을 올리고 있던 유럽의 강국 스페인은 대규모 담배공장 운영에 정신이 없었다. 이런 시대 상황에서 스페인의 세비야라는 작은 시골 마을에 신대륙 정복 분위기로 한껏 몸값이 오른 젊은 군인 호세가 담배공장 내 여공들을 감독하고 있고, 가장 낮은 비천한 신분으로 담배공장에서 여공으로 일하던 집시 여인 카르멘이 잠시 휴식을 취하기 위해 거리에 나왔다가 호세를 만나게 된다.

　　당시 인기가 많은 오페라들은 청순가련형의 여자 주인공을 보여주는 분위기가 강했다. 그러나 비제의 오페라는 일반적인 오페라 유형의 캐릭터 설정 방식을 따르지 않았다. 출세한 남자 주인공에게 버림받거나, 성공을 바라는 남성을 위해 희생을 강요당하고 목숨을 포기하는 전형적인 당시 시대의 여성상과 정반대로 독립적이고 직설적인 집시 여성 주인공을 전면에 내세운 것이다.

　　소위 서정적 오페라가 인기를 얻게 되면서, 당시 남녀 간의 사랑 스토리에서는 남성의 가부장적인 모습과 이기적인 태도를 당연시했고 여성들에게는 수동적이고 의존적인 여성상을 강조하는 분위기가 강했다. 그러나 카르멘은 파격적인 캐릭터를 보여주었다. 오페라를 즐겨보던 당시의 상류층들이 가련한 여주인공을 원했기에, 카르멘의 모습은 너무나 불편하고 충격적인 캐릭터였다고 볼 수 있다.

　　초연 당시 비제의 카르멘은 이런 이유로 프랑스에서 악평을 받았다. 1875년 6월 3일에 사망해 결국 초연 3개월 만에 세상을 떠난 비제는 카르멘의 큰 성공을 보지 못하고, 생의 마지막 작품을 세상에 남겨주었다.

　　카르멘의 1막은 호세와 카르멘이라는 두 낯선 타인이 서로를 탐색하고 서로의 색다른 매력에 이끌리게 되는 연애의 짜릿한 시작을 보여주고 있다. 보통 이성과 교제할 때 나와 비슷한 성향과 성격을 가진 이성에게 관심이 가는 편인가? 아니면, 호세와 카르멘처럼 전혀 다른, 반대되는 성향의 이성에게 더 마음이 가는 편인가? 보수적이고 안정적인 군인 병사 출신 호세는 자신의 고향에서 어머니가 소개해 준 비슷한 성격의 "썸녀(미카엘라)"가 있는 상태였다.

　그러나 호세는 자신의 감정에 솔직하고 거칠 것 없이 자유롭게 살고 있는 자신감 넘치는 카르멘을 만나면서, 전혀 다른 삶을 사는 이성에게 관심을 갖게 된다. 서서히 어머니의 존재와 여자 친구의 기대도 잊어버리게 된 호세는 평상시 군인으로서는 절대 할 수 없는 위험한 행동까지 감행하게 된다. 서로 다른 두 세상에서 살던 남녀가 서로의 매력에 빠져들면서 이전에는 감히 상상도 할 수 없었던 행동을 하게 되는 스릴 넘치는 사랑 이야기가 펼쳐진다.

　1막의 오페라 속에서 우리에게 친숙한 멜로디와 함께 관능적인 춤 공연이 펼쳐진다. 동시에 흥미진진하게 펼쳐지는 호세와 카르멘의 가슴 설레는 사랑 이야기를 즐길 수 있다. 사랑에 빠져서는 안 된다는 것을 알면서도 카르멘을 기다리고 더욱 그리워하는 호세, 카르멘이 보여주던 열정적인 춤을 계속 기대하며 그 흥분을 다시 꿈꾸는 호세의 마음은 이제 원래대로 되돌아갈 수 없는 상태에 이르렀다.

　카르멘 역시 호세의 진심어린 사랑에 감사의 마음을 표하며 관능적인 춤을 선보이고, 자신의 사랑을 호세에게 부끄럼 없이 내보인다. 당시 최고의 인기 투우사 에스카미요가 카르멘에게 사귀자고 제의를 하지만, 떨림이 커져만 가는 연애의 시작 순간에 카르멘 역시 투우사보다는 호세에게 마음이 더 쏠리는 상황이다. 둘은 관계가 시작되는 그 열정적인 순간에 서로에게 강렬했고, 순수했고, 완벽했다.

　카르멘에게 관심을 보이는 다른 장교 군인의 등장은 두 연인의 사랑을 더욱 돈독하게 만드는 에피소드가 된다. 경쟁 상대자가 나타나 카르멘을 얻기 위해 호세를 위협하자, 호세는 카르멘과의 갈등에도 불구하고 상사에게 반항하며 그녀와의 관계를 계속 유지하게 된다. 호세의 상관인 군인 장교가 카르멘을 원하는데도 호세는 걷잡을 수 없는 질투심으로 부대 상관과 싸움을 하는 하극상을 저지른 것이다. 대체 이보다 더 극적인 러브 스토리가 어디에 있을까? 나를 위해 모든 것을 버리고, 자신의 상사와 싸움도 마다하지 않는 남자 중의 남자! 바로 그런 남자가 호세였다.

여기에서 호세는 사랑하는 여인을 위해 영원히 돌아올 수 없는 강을 건너게 된다. 바로 군인의 신분을 버리고 탈영병 신분이 된 채 새로운 집시의 삶을 선택한 것이다. 호세는 모든 것을 뒤로 하고 숲속에서 카르멘의 친구 범죄자들과 함께 집시생활을 함께 하게 된다.

2막에서는 카르멘과 호세의 사랑이 절정에 이르면서 동시에 서로 점차 반대되는 매력 때문에 상대에게 실망하게 되는 장면이 나오게 된다. 사랑의 정도를 의심하게 되는 둘의 갈등 상황이 고조되는 것이다. 떨리는 연애가 마치 오래된 괴로운 결혼이 된 후에는 전혀 다른 감정을 불러일으키는 것처럼, 카르멘과 호세는 힘든 집시생활로 서로에게 지쳐 간다. 어쩌면 처음부터 밀수와 절도 등의 범죄를 일삼는 집시의 삶은 순수한 청년 호세에게는 적절치 않은 것이었는지도 모른다.

산속에서 범죄자들과 어울려 지낸다는 것이 군인이었던 호세에게는 쉽게 적응할 수 없는 일이었는지 모른다. 자신을 범죄자로 만든 카르멘에 대한 서운함이 커져갈 수밖에 없는 상황에서 호세를 더욱 괴롭히는 일들이 일어난다. 특히, 시골에 두고 온 어머니에 대한 그리움과 미안함, 자신의 초라한 처지를 비관하게 되는 끝없는 자기연민, 그리고 고되기만 한 도망자로서의 불안한 범죄자 생활 등이 군인 출신이었던 호세로 하여금 과거의 순수함과 카르멘에 대한 신뢰, 여인에 대한 떨림을 모두 놓아 버리게 만드는 부정적인 상황이 된다.

반면, 얌전하고 조신한 여성의 삶을 바라는 호세의 기대는 자유로운 영혼을 가진 카르멘을 조금씩 불편하게 만들었다. 그것은 스릴과 위험을 즐기는 집시 여성 카르멘의 삶과는 처음부터 어울릴 수 없는 것이었다. 둘의 관계는 점점 더 위태로워질 수밖에 없었다. 호세는 사랑이라는 이유로 카르멘이 자신과 똑같은 생각을 하고, 자신처럼 변화된 가치관을 갖길 원했다. 그리고 그것을 강요하면서 매번 고된 집시 생활 속에서 연인간의 싸움이 늘어만 갔다. 카르멘이 위험한 상황에 처하지 않길 바라면서, 그저 평범한 여성으로 살아가 주길 원했으나, 카르멘은 그런 호세의 잔소리가 점점 더 답답한 족쇄처럼 느껴졌다.

처음 카르멘이 호세에게 빠졌던 이유는 "호세가 가졌던 수줍은 무관심과 적절한 밀당" 때문이었다. 그런데 함께 집시생활을 하면서 그런 호세의 매력은 모두 사라져 버렸다. 노모가 위독하다는 전갈에 죄책감과 짜증만 내는 호세는 변덕이 심한 외향적인 카르멘에게 더 이상 매력적인 모습이 아니었다.

사랑과 집착 사이에서 불평과 후회만 반복해 대는 호세는 카르멘에게 부담스러운 무거운 돌덩이에 지나지 않았다. 바로 이때, 새로운 에너지로 카르멘에게 다가온 새 남자! 당시 최고의 인기를 끌었던 투우사(에스카미요)는 카르멘에게 한 줄기 빛이고 떨림의 시작이었다. 물론 투우사는 호세의 이성을 잃게 만드는 가장 불안한 상대였다.

3막에서부터 본격적으로 호세와 카르멘의 분노, 좌절, 실망, 배신, 치정이 얽힌 이별학개론 - 막장 "사랑과 전쟁"이 펼쳐진다. 두 주인공이 화성과 금성에서 온 남성과 여성이라는 사실을 확인하며 서로의 감정이 격정적으로 대립한다. 처음에는 모든 것을 걸고 서로의 사랑을 확인했던 사이지만, 이제는 서로의 미래에 부담과 공포가 되는 부정적인 존재가 되어 버렸다. 열정적인 삶을 함께 할 것이라는 믿음은 이제 서로에 대한 분노와 좌절로 바뀌었다. 호세와 카르멘은 서로 상대방이 원하지 않는 것을 강요하며, 상대방에게 자신의 요구에 따르라는 이기적인 모습을 보이게 된다. 상대방을 통제하고 괴롭히며, 서로 싸움만 하는 이별 전쟁을 치르게 된 호세와 카르멘.

투우사 에스카미요와 카르멘의 결혼식이 열리는 날, 호세는 가장 잔인한 살인범죄를 저지르는 범죄자가 된다. 노모의 건강이 위독하여 호세가 잠시 카르멘을 떠난 이후, 카르멘은 또 다른 새로운 사랑을 찾게 되고 호세와의 관계를 먼저 심리적으로 정리해 버렸다. 그리고 호세가 아닌, 투우사와의 결혼을 준비하게 되면서 자신의 사랑이 이제는 호세가 아닌 에스카미요에게 옮겨가게 되었다고 솔직히 호세에게 털어놓는다.

카르멘의 입장에서 보면, 자유로운 삶의 방식을 인정해 주지 않는 호세는 더 이상 자신이 꿈꾸던 매력적인 연애 상대자가 아니다. 군인 병사로 순진하게 다가왔던 과거의 호세는 이제 치졸하고 답답한 스토커로 변해 버렸다. 카르멘의 이별 요구에 호세는 분노를 느끼며 자신의 모든 것을 앗아 간 사람이 바로 카르멘이라고 비난하기 시작한다. 자신의 실패와 비참한 처지가 카르멘 때문이라고 생각하는 것이다. 호세는 불행한 자신과 달리, 새로운 미래를 꿈꾸는 행복한 카르멘을 도저히 용납할 수가 없다. 그리고 카르멘은 항상 불평만 하고, 자신을 통제하려고만 하는 매력 없는 호세를 도저히 견딜 수가 없다. 둘은 어떻게 해야 행복한 이별을 맞이할 수 있는가?

많은 것을 포기하고 자신의 정체성을 버리면서 카르멘을 선택했는데, 자신의 마음을 헌신짝처럼 버리는 카르멘의 태도에 호세는 분명 배신감과 분노를 느꼈을 것이다. 내가 사랑하는 누군가에게 '내가 원하는 방식대로 대우받지 못했을 때 느끼게 되는 부정적 감정'이 바로 호세로 하여금 폭력과 살인을 저지르게 만드는 '긴장'을 제공했다. 오페라 카르멘에서는 호세와 여자 주인공 카르멘 양쪽이 자신이 원하는 것을 이별의 순간에 상대방의 입장이 아닌, 본인의 입장에서만 일방적으로 요구하고 있음을 알 수 있다.

당장의 이별을 원하는 카르멘과 더 큰 사랑을 요구하는 호세는 전혀 상대방의 입장에서 갈등상황을 다시 생각해 볼 여지를 남기지 않는다. 카르멘에게 호세는 집착과 지겨움의 대상이고, 호세에게 카르멘은 고통의 원인이며 애증의 대상일 뿐이다. 카르멘에게 호세는 당장 벗어나고 싶은 상대이고, 호세에게 카르멘은 그저 함께 나락으로 떨어지고 싶은 증오의 대상이다. 상대방의 침묵과 희생, 노력, 고통, 기다림을 일방적으로 요구하는 두 남녀의 비극적인 사랑 이야기를 보면서 이별의 순간이 얼마나 서로를 괴롭게 하는지 짐작할 수 있다. 이별이 서로에게 얼마나 많은 좌절과 슬픔, 두려움과 분노 등의 부정적 감정을 갖게 만드는지, 그리고 얼마나 위험한 범죄행동을 하게 만드는지 짐작할 수 있다. 이별을 하는 그 순간에 우리는 대체 어떤 감정을 느끼게 되는 것일까?

오늘날에도 상대방이 헤어짐을 요구하고, 강력한 이별 의사를 보일 때 이성과의 관계 속에서 물리적인 폭력행동과 극단적인 데이트폭력이 급격하게 더 많이 발생하는 것으로 나타났다. 우리나라의 데이트폭력 관련 2019년 통계 자료를 보면, 상대방 연인이 헤어짐과 이별을 요구할 때 살인 시도와 신체적 폭력이 가장 많이 나타나 피해자에게 극단적인 위험을 초래하는 것으로 나타났다.[9] 호세가 선택한 데이트

---

9 출처: https://www.sedaily.com/NewsView/22ILT4EEC5 최종확인 서울경제 기사 2021년 2월 22일

폭력 살인이 오늘날 우리나라에서도 빈번하게 일어나고 있다고 볼 수 있다.

3. '왜 보수적인 호세는 카르멘에게 이끌렸을까?'

담배 여직공이었던 비천한 신분의 카르멘은 "사랑은 반항하는 새, 그 누구도 새를 길들일 수 없어"라는 가사의 관능적인 노래를 부른다. 담배를 피며 아름다운 외모를 뽐내며 당당하게 노래를 부르던 카르멘의 모습을 보고, 당시 세비야의 보초를 담당하던 군인들과 거리의 시민들은 모두 열광한다. "하바네라"라는 카르멘의 곡 "사랑은 변하는 거야. 사랑은 움직이는 거야. 사랑으로 날 묶으려고 하지 마!"라는 가사를 보면, 문득 1820년대를 살고 있는 집시 카르멘 속에 자기표현을 마음껏 표출하고 싶은 오늘날의 당당한 여성이 숨어 있는 듯하다.

직업군인이었던 호세가 카르멘에게 빠진 건 단순히 카르멘의 외모와 춤, 신체적 아름다움 때문일까? 물론 관능적인 외모를 가진 카르멘은 많은 사람들이 좋아하는 매력적인 여성이었을 것이다. 당시 많은 군인들과 투우사들이 카르멘에게 관심을 보였던 것을 보면, 카르멘은 그 누구보다 아름다운 외모와 춤, 노래 실력을 갖추고 있었던 게 분명하다.

최종확인 「6일에 한 번씩 연인에게 살해되는데…'데이트폭력' 법적 정의조차 없다.」

그러나 처음 호세가 공장에서 카르멘을 만났을 때 그는 다른 남성들과 달리 크게 카르멘에게 관심을 보이지 않았다. 카르멘의 관능적인 "하바네라"라는 곡에도 호세는 그녀에게 별로 눈길을 주지 않았고, 특별한 여지를 보이지 않았다. 호세는 카르멘의 외모나 춤 실력 때문에 카르멘에게 무조건 관심을 가졌던 것은 아니다. 당시 호세는 시골에서 자신의 안부를 걱정하고 계시는 늙은 어머니를 항상 그리워했었고, 어머니가 소개해 준 약혼녀 **미카엘라**가 있었다. 이런 상황이었기에 카르멘과 같은 여성에게는 처음부터 관심을 보이지 않았다. 그렇다면 다소 새침하고 보수적인 군인 호세가 어떻게 카르멘에게 빠지게 된 걸까?

　　여기에서 두 남녀의 상호작용이 중요한 역할을 하게 된다. 카르멘은 자신이 부른 노래와 춤에 많은 남자들이 열광한다는 것을 알고 있었다. 평범해 보이는 병사 군인 한 명이 전혀 관심을 보이지 않자, 그 남자의 마음을 얻어야겠다는 묘한 "가지지 못한 것에 대한 갈망"을 표출하게 된다. 저 남자도 나를 사랑하게 만들고 싶다는 욕심 같은 것이 카르멘에게 생겨난 것이다.

　　"만일 당신이 날 사랑하지 않는다면, 내가 당신을 사랑할지도 몰라요. 당신 스스로를 잘 지켜요."라고 말하는 카르멘의 노래를 들으면, 카르멘이 어떤 마음으로 호세에게 관심을 갖게 되었는지 짐작할 수 있다. 카르멘의 자신감과 사랑에 대한 승부욕으로 결국 소심한 남자 호세도 당시 최고의 여성인 카르멘과 서로를 조심스럽게 탐색하는 "썸"을 타게 된 것이다.

　　"썸"을 탈 때 중요한 것은 적절한 "밀당(밀고 당기기)"이다. 호세는 카르멘에게서 우연히 받은 장미 한 송이를 가슴에 품게 된다. 아무 생각 없이 준 장미일 수 있고, 어쩌면 수줍게 내민 카르멘의 절절한 마음일 수도 있다. 진실은 카르멘만이 알고 있는 것! 카르멘의 적극적인 관심과 장미 전략 속에서 호세는 자신의 감정을 추스르지 못할 정도로 큰 기쁨과 흥분, 기대감을 맛보게 된다. 그리고 그 장미 한 송이가 가진 의미를 찾기 위해 많은 시간을 보내게 된다.

　　호세는 자신의 성격처럼 카르멘도 한 번 마음을 주면, 쉽게 마음을 바꾸지 않고 큰 의미로 상대방의 마음을 되새기고 감사하게 여길 것이라 생각했는지 모른다. 아름다운 카르멘이 보낸 구애의 노래와 장미 선물에 호세도 서서히 자신의 마음을 카르멘에게 열게 되고, 둘은 열정적인 사랑을 공유하게 된다. 처음 카르멘이 적극적인 자세를 취할 때 호세는 다소 시큰둥했으나, 나중에 호세가 더 적극적으로 바꿔게 되자, 연인이 된 이후 오히려 카르멘이 다소 소극적인 자세를 취하는 관계가 되었다.

호세는 이런 밀당 속에서 카르멘을 몰래 풀어준 죄명으로 처벌을 받게 된다. 처음에는 카르멘의 사랑 놀음에 "조용히 하라"는 말을 하며 카르멘을 부정하던 호세가 나중에는 카르멘에게 "너의 사랑이 진심인가?"라는 식으로 더욱 간절하게 카르멘의 사랑을 원하는 역전 상황이 펼쳐진다.

새침한 호세의 평상시 모습으로는 절대 상상할 수 없는 대담한 일들이 벌어지게 되고, 호세 역시 진심으로 카르멘을 좋아하게 된다. 아이러니하게도 무서운 군대 영창에서 호세는 자신을 곤란하게 만든 그 여인, 카르멘을 계속 그리워하며 자신만의 사랑을 키워 가게 된다. 호세를 오매불망 걱정하는 노모나 여자 친구의 기대는 모두 잊어버리고, 서서히 카르멘의 매력에 빠져 버린 호세는 불나방 같은 사랑을 시작하게 된 것이다.

이 작품은 기본적으로 평범하고 보수적이었던 병사 "호세"가 솔직하고 자유분방한 집시 여인 카르멘과 만나게 되면서 겪게 되는 비극적인 사랑 이야기를 담고 있다. 호세와 카르멘이 범죄자 떠돌이 생활을 하다 이별을 하게 되면서, 두 주인공은 치정의 주인공이 된다.

카르멘과 호세가 보여주는 비극적인 결말을 보며 데이트폭력이 가진 사전 징후 등을 생각하게 된다. 상사에 대한 하극상으로 폭력을 저지른 호세의 행동과 가족과의 대화부족, 그리고 힘든 도망자로서의 일상을 서로 충분히 위로해 주지 못한 채 오해만 하는 카르멘과 호세. 가부장적인 호세의 태도와 독단적으로 호세와의 관계를 정리해 버린 자기중심적인 카르멘의 이별 통보, 이 모든 것들이 데이트폭력의 원인이 되었다고 하겠다.

담배공장에서 일하는 카르멘은 스페인 세비야에서 잘 나가는 '겁 없는' 집시 여인이었다. 거친 삶을 즐기며, 자신의 감정을 너무나 대담하게 표현하는 카르멘은 '언제든지 내가 노래하고 싶으면 나는 노래할 거고, 내가 사랑하고 싶으면 무조건 사랑하고 말 것이다!'라는 자유분방한 태도를 가진 여성이다.

그러나 이별을 받아들이지 못하는 남자 친구 호세의 집착과 폭력으로 데이트폭력 살인의 희생자가 된다. 내가 소유할 수 없다면 이 세상 어떤 남자도 널 소유할 수 없다는 왜곡된 사고방식으로 카르멘을 살해하는 호세를 보면서, 가장 친밀한 사이에서 모든 것을 함께했던 연인이 서로의 행복을 기원해 주는 건강한 관계로 관계를 끝내지 못할 때 잔인한 가해자와 억울한 피해자가 될 수 있음을 보게 된다. 사랑과 관심이 살인과 폭력으로 바뀌어 버린 이유를 범죄학 이론 속에서 체계적으로 살펴보도록 한다.

Ⅱ. 범죄학 이론: 일반긴장이론, 차별적 접촉이론, 표류이론

1. 일반긴장이론

오페라 카르멘에서 처음 설명하고자 하는 범죄학 이론은 로버트 에그뉴R. Agnew의 **일반긴장이론**General Strain Theory이다. 일반긴장이론은 범죄행위가 '자신이 원하는 대로 대우받지 못했을 때 발생하는 부정적 감정으로 인해 발생하는 것'으로 본다.

부정적 감정 속에는 좌절, 고통, 분노, 배신, 슬픔, 후회, 복수감 등의 복합적인 개인적 감정이 속해 있는데 에그뉴는 이러한 감정을 하나의 "긴장"으로 다루었다. 3막에서 카르멘은 호세의 마음을 차갑게 거절한다. 카르멘을 위해 모든 것을 버린 호세 입장에서는 그 누구보다도 카르멘의 위로와 따뜻한 눈빛이 간절했다. 카르멘에게 기대했던 사랑과 존경을 전혀 받지 못하고, 헌신짝처럼 버려지게 된 호세의 마음속에는 분명 에그뉴가 말하고자 했던 그 "긴장"이라는 부정적 감정이 있었을 것이다.

20세기에 접어들어 미국의 범죄학자들은 머튼Robert K. Merton을 시작으로 사회내 구조적 문제가 한 인간이 '가지지 못하는 것'에 대한 긴장을 유발한다고 보았다. 아노미anomie와 사회구조social structure 차원에서 범죄문제의 원인을 파헤치려고 한 것이다. 일찍이 머튼은 부의 획득이라는 성공목표가 합법적 수단을 얻지 못했을 때 아노미와 긴장이라는 부정적 심리상태를 유발하고, 그로 인한 부적응으로 범죄가 발생한다고 보았다Brown, Esbensen & Geis, 2013.

그러나 1990년대에 들어 로버트 에그뉴는 사회구조적 입장의 범죄 문제를 인정하면서도 머튼이 주장했던 가진 아노미/긴장이론이 가진 단점을 보완하기 시작했다. 먼저 전통적인 아노미/긴장이론이 너무 "하류층" 범죄에만 초점을 두었다는 점을 인식하기 시작했다. 호세와 같은 안정적인 직장을 가진 군인도 범죄를 저지르고, 상류층도 범죄를 저지른다는 현실을 머튼의 이론은 잘 설명할 수 없었던 것이다.

전통적인 머튼의 이론은 '긴장'을 경험한 사람들이 왜 범죄를 저지르는가에 대한 인과관계 차원의 설명이 부족했다. 왜 어떤 사람은 긴장을 느낀 후 범죄를 바로 저지르는데, 어떤 사람은 긴장에도 불구하고 범죄를 저지르지 않는 것인가? 이를 전혀 설명할 수 없다는 비판이 있었다. 추가로 사회적 구조와 계층의 문제 외에 성공을 달성하지 못하는 다른 제3의 요인을 전혀 고려하지 않았다는 문제점도 또 다른 보완사항으로 제기되었다. 마지막으로 돈 이외의 다른 목표를 성공으로 인식하는 사람들을 머튼의 이론 속에서 충분히 고려하지 못했다는 점도 제시되었다.

이에 에그뉴는 1990년대에 기존 사회구조적 관점에 새롭게 심리학적 요인을 확대 적용하면서, 긴장이 발생하게 되는 요건을 성공목표와 합법적 수단의 괴리라는 한 가지에만 고정시키지 않고 긴장유발 요인을 확장시키기 시작했다Brown, Esbensen & Geis, 2013. 즉, 에그뉴는 한 인간이 좌절과 슬픔, 분노 등을 느끼게 되는 상황으로 첫째, 아무리 노력해도 자신이 이루고자 하는 성공목표를 달성할 수 없는 상황, 둘째, 개인적으로 가장 소중하게 여기는 대상이나 상황을 강제적으로 박탈당하는 상황, 셋째, 마주하고 싶지 않은 고통스러운 대상이나 상황과 강제적으로 어쩔 수 없이 마주해야 하는 상황이라는 세 가지 경우로 구체화시켰다. 이 세 가지 상황이 너무나 부당unjust하고, 자신이 통제하기 불가능한 상황uncontrollable이고, 그 힘이 너무나 막강high in magnitude하다고 느껴졌을 때, 한 개인은 긴장이라는 부정적 감정을 갖게 되고, 폭력이나 절도와 같은 범죄행동을 저지를 가능성이 매우 커지게 된다.

오페라 카르멘에서 호세의 좌절과 분노는 자신이 소유하고자 하는 "카르멘"을 잃을 수밖에 없는 상황에서 비롯되었다. 그러나 에그뉴의 일반긴장이론에서는 범죄행위가 무조건 세 가지 경우의 긴장 유발 상황으로 인한 것은 아니라고 보았다.

인생을 살아가면서 많은 사람들이 합격하고자 하는 시험에 실패하고, 가족과 원치 않는 이별을 하기도 하고, 친구나 보호자로부터 원치 않는 폭력과 학대를 받기도 한다. 그러나 그 경우에 직면했다고 해서 모든 사람들이 호세와 같은 폭력과 범죄를 저지르는 것은 아니다. 에그뉴는 개인들이 가지고 있는 인지적, 정서적, 행동적 적응능력adaptations을 중요하게 다루었다. 스트레스와 긴장 상황에 대처하는 적응능력의 차이로 인해 부정적 감정을 범죄가 아닌, 다른 건강한 행동으로 분출하는 사람도 많다.

호세가 카르멘의 이별 선고에 대해 만약, "연애를 해 보니 난 카르멘과 자라온 배경이 너무 다르고, 가치관도 달라서 성격적으로 잘 맞지 않는 것 같아" 혹은 "시골에 계신 노모와 과거 여자친구 미카엘라를 만나니, 내 감정이 처음과 다르게 카르멘에게서 조금 멀어진 것 같아"라고 말했다면, 어떤 결말이 펼쳐졌을까? 목표 의미 축소minimizing the importance of goals라는 인지체계 수정 전략은 증가된 수준의 분노와 긴장감을 완화시키는 데 큰 효과가 있다. 이를 호세가 알고 있었다면, 오페라 카르멘의 이별엔딩은 어떻게 바뀌었을까 궁금해진다Brown, Esbensen, & Geis, 2013.

2. 차별적 접촉이론(Differential Association Theory)과 카르멘의 비행교우들

오페라 카르멘을 보면 군부대에서 탈영을 한 호세는 카르멘과 밀수, 밀매를 하는 불법 집시 집단들과 어울리며 함께 산속에서 도피생활을 한다. 절도도 저지르고 이웃 나라들을 불법으로 넘나들며 위험한 행동을 일삼는 무리들과 호세는 함께 생활하게 되는데, 카르멘은 어릴 때부터 같이 지내던 친구들과 의리를 지키며 스릴 넘치는 범죄조직 생활을 즐기는 반면, 호세는 범죄 조직 구성원으로의 삶이 괴롭고, 힘들기만 하다.

호세가 만약 카르멘을 만나지 않고, 집시 범죄 집단 무리에 들어가지 않았다면 어땠을까? 호세는 인생을 살아가면서 범죄를 전혀 저지르지 않는 합법적인 생활만 했을까? 그렇다면 범죄는 우리가 우연히 만나게 된 특정 "악인" 때문일까? 어떤 사람들은 범죄행위가 "자신이 살면서 만나게 된 친구, 부모, 배우자 혹은 가깝게 지내던 지인의 영향"으로 인해 발생한 것이라고 말한다.

내 자신이 스스로 범죄행위를 결심하고, 계획해서 문제 행동으로 나아간 것이 아니고, 주변 사람과의 교류와 접촉, 학습 경험, 사회화 등을 통해 범죄행위에 대한 허용 태도를 배우게 되었다고 본다. 바로 이런 상황을 설명해 주는 범죄학 이론이 에드윈 서덜랜드Edwin H. Sutherland의 유명한 **차별적 접촉이론**Differential Association Theory이다.

서덜랜드는 1883년에 미국 네브래스카에서 태어나서 시카고 대학에서 사회학 박사학위를 취득한 후, 범죄학자로 큰 성공을 거두었다. 서덜랜드는 범죄행위를 단순한 접촉이나 학습으로 한 개인이 배워서 저지르는 것이라고 단순화시켜 설명하지 않았다. 그는 상징적 상호작용symbolic interaction이라는 가치체계의 변화 경험에서 비롯된 것이 바로 범죄라고 보았다. 범죄행동이 불법이라는 것은 분명히 알고 있지만, 중요한 타자와의 상호작용을 통해 불법행동에 "관대한 사고체계"나 허용적인 "선호적 태도favorable to criminal behavior"를 갖게 되는 것이 범죄의 원인이라고 보았다Brown, Esbensen & Geis, 2013.

　호세가 본 첫 만남 속 카르멘은 자신의 감정에 솔직하고 항상 자신감이 넘치는 매력적인 여인이었다. 모든 것을 버리고 사회적 규율과 요구가 없는 집시의 생활 속으로 들어가면, 어쩌면 자신도 카르멘처럼 당당해지고 항상 매력이 넘치는 사람이 될 수 있을 것이라고 생각했는지 모른다. 자신이 사랑하고, 믿는 여성이 "나와 함께 떠나자"며 제시한 새로운 삶의 방식이 비록 범죄자들과 어울리고 밀수·밀매를 저지르는 것이었지만, 호세는 어쩌면 그 속에서 자신도 카르멘과 같이 스릴 넘치는 경험을 하게 되어 행복한 삶을 갖게 될 것이라 기대했는지 모른다.

　이러한 카르멘과의 상호작용으로 인해 호세는 카르멘의 친구들과의 어울리게 되었고, 그 속에서 "어떻게 상대방을 속이고, 집시답게 영민하게 살아남아야 하는지"를 자연스럽게 배우게 되었다. 서덜랜드가 제시한 전형적인 차별적 접촉이 카르멘과 호세 속에서 일어났고, 이 과정을 통해 호세 역시 집시 조직집단들과 범죄행동과 도피생활을 같이하게 된 것으로 볼 수 있다. 일명 "친구 따라 강남 간다."라는 속담에서 보듯, 가까운 친구와 어울리면서 상징적 상호작용을 통해 범죄에 가담하게 되는 경우라고 볼 수 있다.

　1974년 서덜랜드Sutherland와 크레세이Cressey가 발표한 글에서 아홉 가지의 차별적 접촉 원리를 확인할 수 있다Brown, Esbensen & Geis, 2013. 첫째, 범죄행동은 학습기제를 통해 만들어진 것이다. 둘째, 타인과의 의사소통 과정에서 발생한 상호작용을 통해 범죄행동을 배우게 된다. 셋째, 범죄행동을 학습하게 되는 데 가장 중요한 것은 상대방이 나와 매우 가깝게 지내는 중요한 사람이라는 것이다. 넷째, 범죄행동을 학습한다는 것은 행동을 저지를 수법을 배우는 것뿐만 아니라, 범죄를 저지르게 되는 초기의 범죄계획 동기, 이유, 합리화 기제, 태도 등을 종합적으로 배운다는 것을 의미한다. 다섯째, 범죄 동기와 태도 등을 배운다는 것은 결국 합법과 불법에 대한 선호도를 정의하는 법을 학습한다는 것이다. 여섯째, 범죄자가 된다는 것은 불법 행동에 대한 선호 태도가 불법 비선호 태도보다 더 클 때 발생한다. 일곱째, 범죄자와의 연합이나 접촉 정도는 그 빈도와 기간, 초기발생 시점, 강도 차원에서 사람마다 매우 다르게 발생한다. 여덟째, 범죄행동이나 합법행동 모두 동일한 일반적인 학습기제 절차를 따르는 것이고 동일한 배움 과정에 속한다고 볼 수 있다. 아홉째, 범죄행동을 특정한 욕구나 성공 가치관 때문에 일어나는 것으로 볼 수 없다. 왜냐하면 합법적인 많은 행동들이 결국 동일한 욕구나 성공 가치관을 기반으로 해서 발생하기 때문이다.

겉으로는 카르멘이라는 오페라가 연인 간의 비극적인 사랑 이야기만을 담고 있는 듯 보이지만, 사실은 그 속에 호세가 카르멘을 만나 "도망자 신분의 조직범죄자"가 되는 과정을 보여주는 "차별적 접촉이론"의 원리가 숨겨져 있다. 우연한 기회에 집시 무리에 속하게 되면서 호세는 범죄자 동료들과 밀수·밀매를 하게 되었다. 카르멘과 가까워지면서 호세는 카르멘의 이야기와 제안에 더 큰 의미를 부여하게 된 것으로 볼 수 있다. 필요한 경우에는 어쩔 수 없이 살아남기 위해, 그리고 친구들의 안전을 지키기 위해 범죄를 저지를 수도 있고, 조직을 위해 희생을 할 필요도 있다는 새로운 가치관과 태도를 배우게 된 것이다.

물론, 서덜랜드가 제시한 차별적 접촉이론에는 몇 가지 한계점이 있다. 정확히 "연합association"한다는 접촉 개념이 어떻게 측정되어야 하는지 명료하지 않다는 문제가 있다. 조작적 정의 차원에서 범죄학자마다 해당 개념을 측정하는 방법이 너무 다양하기에 이에 대한 비판이 생길 수 있다.

또한, 인과관계 차원의 설명력이 매우 떨어진다는 비판이 있다. 서덜랜드는 연합 과정을 통해 범죄행동이 일어난다고 했지만, 범죄행위 이후에 누군가와의 연합과 접촉, 긴밀한 의사소통 과정이 거꾸로 발생하는 경우도 있다Brown, Esbensen & Geis, 2013. 우연히 별 뜻 없이 재미 삼아 카르멘과 범죄를 저질러 본 후, 호세가 자신도 모르게 진짜 카르멘이라는 사람과 가까워지고 서로를 더 가깝게 이해하게 되었다고 느낄 수 있는 것이다.

다시 말해, 서덜랜드의 차별적 접촉이론에서 말하는 "연합과 학습을 통한 상징적 상호작용 → 범죄행동"이라는 기본 공식이 어쩌면 "범죄행동 → 연합과 학습을 통한 상징적 상호작용"의 순서로 바뀌는 것이 더 적합할지도 모른다. 마지막으로 왜 특정 사람들만이 특정한 누군가와 연합과 접촉을 경험하게 되느냐를 설명할 수 없다는 점에서 차별적 접촉이론은 큰 한계를 갖는다Brown, Esbensen & Geis, 2013. 즉, 호세가 카르멘이 아닌, 미카엘라나 군대 동료의 가치관을 학습하지 않은 이유를 제대로 설명할 수 없다는 한계가 있다.

결국 호세가 군인 신분을 버리고, 범죄자 밀수꾼이 된 이유는 카르멘과 비행친구들 때문이 아닌 걸까? 차별적 접촉이론으로 호세의 행동을 설명할 수 없다면, 산으로 도망쳐 비행교우들과 함께 생활하며 조직범죄를 저지른 호세의 행동은 무엇으로 설명할 수 있을까? 더 나아가 호세가 카르멘을 죽이고 데이트폭력을 저지른 잔인한 범죄자가 된 진짜 이유는 무엇일까?

3. 표류이론으로 본 살인자 호세의 변명

표류이론Drift Theory은 사회과정주의 범죄학Social Process Criminology에 속하는 이론으로 1957년에 발표된 그래샴 싸이키스Gresham M. Sykes와 데이비트 맛짜David Matza의 **"중화기술**Techniques of Neutralization"이라는 논문에서 비롯된 것이다. 오래전에 발표된 논문이지만, 오늘날에도 표류이론은 다양한 형태의 문제 행동을 설명하는 유익한 합리화 기제로 매우 광범위하게 활용되고 있다.

표류이론은 범죄행위를 저지른 가해자들이 항상 불법행동을 당연시 생각하는 것이 아니라, 범죄에 대한 가치나 신념을 합리화하는 기제가 학습을 통해 한 개인에게 내재화되어 있어 그것이 특정 상황에서 일순간의 불법행동 쪽으로 더 기울어지는 선택을 하게 만든다고 본다. 그것이 마치 물 위에 떠 있는 표류drift 방식과 유사하다고 보아 해당 이론을 표류이론으로 부르기도 한다.

범죄행위를 저지른 뒤, 후회와 수치심을 느껴야 하지만, 범죄자가 합리화 기제를 차별적 접촉이론에서와 같이 하나의 범죄행위 가치관으로 학습한 경우에는 반성하는 태도를 버리고 자신의 범죄행위를 중화시키는 합리화 기술을 쓰게 된다. 때문에 범죄를 선택하는 것이 더 용이해진다. 합리화 기술을 학습한 경우라면, 범죄행위를 선택하는데 합법적인 선택을 할 때도 있지만, 간혹 기회가 적당하고 생각될 때 잠재적 가해자는 불법적인 선택을 하는 경우가 많아 일종의 표류방식으로 범죄원인을 설명하는 것이다.

　다시 말해, 중화기술에서는 범죄자가 항상 특정한 고유의 불법 성향을 갖고 있다고 보는 것이라, 합법적인 선택을 하며 평상시에 잘 지내다가도 특정 조건과 상황이 부합된다고 판단되면 예외적으로 합법과 불법의 경계 선상에서 자신에게 유리한 쪽으로 범죄행동을 합리화시키는 태도를 보여 범죄행위를 저지르는 경우도 있는 것으로 본다. 어쩌면 중화기술에서 말하는 범죄자의 인식 태도는 유기체가 갖고 있는 자기방어기제의 하나에 속할지도 모른다.

　"책임의 부정denial responsibility" 태도와 "손상의 부정denial of injury", "피해자 부정denial of victim", "비난자에 대한 비난condemnation of condemners", "높은 충성심 가치관으로의 호소appeal to higher loyalties"라는 다섯 가지 세부 중화기술은 단순한 자기방어기제 상태를 넘어서는 태도이다. 특정 태도가 범죄 수법을 배우듯, 범죄 중화기술도 중요한 타자로부터 학습하게 된다고 보는 것이 표류이론의 입장이다. 사회적 상호작용을 통해 범죄 선택에 대한 해석 방식을 배우고 학습하게 됨으로써 표류이론 역시 서덜랜드의 차별적 접촉이론과 뿌리를 같이한다고 볼 수 있다.

　중화기술 다섯 가지를 오페라 카르멘 속 호세의 범죄행동에 적용시켜 보면 다음과 같다. 먼저, 책임의 부정은 호세가 자신이 저지른 데이트폭력 살인이 "의도된 범죄가 아니라 우연히 발생한 단순 사고"라고 주장하는 것이다. 만약 호세가 카르멘을 찌른 뒤, "칼 때문에 사망한 것이 아니라, 카르멘이 평상시에 원래부터 앓고 있던 지병 때문에 혼자 놀라서 쓰러진 것이다."라고 주장한다면 자신의 책임 자체를 부정하는 태도가 된다.

　호세가 카르멘의 죽음은 자신의 "책임"이 아니고, 결혼식을 호화롭게 준비하면서 외부 경계를 제대로 하지 않은 주변 사람들의 책임이라고 주장하는 것도 여기에 해당한다. 또한, 카르멘의 친구들이 갑자기 자극적인 말을 했기에 어쩔 수 없이 결혼식에서 흥분된 것뿐이라고 말한다면, 호세는 법적으로 자신의 책임을 감경하기 위한 중화기술을 쓰는 것이고, 이것이 전형적인 책임의 부인 전략에 해당한다고 볼 수 있다. 가해자들이 "나의 책임이 아니다." 혹은 "피해 결과는 내가 어떻게 할 수 없는 일이었고, 나로 인해 발생한 것이 아니다"라고 주장한다면, 그것이 바로 책임의 부정 중화기술을 쓰는 것이다.

　둘째, 손상의 부정은 가해자가 피해자에게 발생한 치명적인 범죄 피해 결과 자체를 부인하는 태도이다. 호세의 경우, 카르멘이 살해되어 목숨을 잃었기에 손상 폐해 자체를 부인하는 것이 매우 어려울 수 있다. 재산범죄의 경우에는 손상의 부정 전략이 자주 사용된다. 범죄를 저지른 후 절도, 횡령 등의 재산범죄 피해에 대해 가해자가 만약 "피해자는 나의 절도 이후 보험회사로부터 억대의 보험금을 탈 수 있었다. 따라서 피해액은 하나도 없다."라는 주장을 하면, 전형적인 손상의 부정 중화 기술을 쓰는 것이다. 또한, 절도 후에 "다음 주에 돈을 돌려줄 생각"이었다는 식으로 말한다면, 이것 역시 손상의 부정이 된다.

셋째, 피해자 부정은 가해자가 피해자를 직접적으로 범죄의 원인으로 비난하여 자신의 행동을 합리화시키는 기제이다. 피해자가 마땅히 벌을 받아야 하는 악의 근원이라는 식으로 피해자를 부정하는 것이다. 오페라 카르멘에서 만약 호세가 약속을 저버리고 자신을 떠나려는 여성은 마땅히 목숨을 포기해야 한다고 말하거나, 피해자를 '나쁜 여자'로 비난한다면, 전형적인 피해자 부정의 중화기술을 사용한다고 볼 수 있다. 무조건 여자는 남자에게 복종하여야 하고, 만약 이를 어긴다면 죽음과 같은 잔인한 처벌을 견뎌야 한다고 말하며 여성을 비난하는 말을 한다면, 그 사고 방식이 바로 피해자 부정에 해당한다. 일부 성범죄자의 경우, "여성이 외설적인 옷을 입은 것만으로도 마땅히 남성을 자극하려는 의도"가 있었던 것이다라는 말로 피해자를 비난하면 해당 사고방식은 피해자 부정 중화기술에 속한다.

넷째, 비난자를 비난하는 기술은 가해자가 처벌 업무를 담당하는 경찰 - 검찰 - 법원 - 교정기관 등의 공식 형사사법 기관 담당자를 비난하는 합리화 기제를 말한다. 만약 호세가 자신의 범죄행위에 대해 "나를 처음 카르멘과 만나게 하고, 카르멘을 감옥에 두라고 명령했던 그 군인 상사 때문에 카르멘과 사랑에 빠지게 되었다." 라고 말한다면 군인을 비난하는 태도라고 볼 수 있다. 호세가 자신이 탈영병이 되었을 때 신속하게 자신의 신병을 확보하지 않은 다른 군인들의 나태함을 비난한다면, 그것 역시 비난자를 비난하는 합리화 기제라고 하겠다.

다섯째, 높은 충성심 가치관으로의 호소 기술은 범죄자가 "한 단계 높은 의리와 가치, 종교관 등의 의미"에 의도적으로 본인이 저지른 범죄 원인을 두는 태도이다. 호세가 자신이 카르멘을 죽인 이유를 "자신이 탈영한 군부대의 명예를 되살리기 위해서"라고 주장한다면, 이것이 높은 충성심이라는 가치관으로의 호소에 해당한다. 높은 충성심 가치관은 매우 다양한 형태로 나타나는데 가족이나 친구를 위하는 대의명분일 수도 있고, 국가와 특정 종교적 신념, 조직의 가치관을 수호하기 위한 것일 수도 있다. 호세가 "돌아가신 어머니의 복수"를 위해 카르멘을 죽일 수밖에 없었다고 주장한다면, 이것 역시도 호세 개인이 만들어 낸 하나의 높은 충성심에 대한 호소라고 볼 수 있다.

지금까지 오페라 카르멘과 관련된 범죄학 이론들을 살펴보았다. 데이트폭력 살해 행위와 관련된 비극적인 스토리를 감상한 후, 우리 주변에서 직접, 간접적으로 경험한 개인적인 데이트폭력 사례들에 대해 이야기하고, 해결방안을 진지하게 논의하는 시간을 가져야 할 것이다.

범죄학에서 다루는 표류이론과 "학대피해 여성 신드롬", "학습된 무기력", "차별적 접촉이론", "일반긴장이론"을 통해 데이트폭력 문제가 단순히 가해자가 저지른 순간적인 폭력행동 하나로 끝나는 것이 아니라 많은 주변 사람들의 방관자적인 행동과 피해자의 지속적인 심리적 고통과 연관되어 있다는 것을 알 수 있다.

잠재적 가해자의 특성과 주변인들의 무관심, 그리고 피해자의 심리적 반응으로 데이트폭력은 교묘한 방식으로 우리의 일상 속에서 반복적으로 일어나고 있는데, 쉽게 경찰에 발각되지 않고 있다. 오페라 카르멘을 통해 데이트폭력 근절과 함께 효과적인 경찰 - 검찰 - 법원 - 교정 - 일반 지역사회의 대응방안에 대해서도 고민해 보는 기회를 가지길 바란다.

4. 기타 이론들: 학습된 무기력 & 학대피해 여성 신드롬

오페라 카르멘이 정말 가슴 아픈 이유는 주인공 카르멘이 인생에서 그녀의 가장 행복한 결혼식 날 과거 남자 친구 호세에게 억울하게 죽음을 당했기 때문이다. 호세에게 투우사와의 결혼은 가짜라고 거짓말을 하거나, 적당히 결혼 상황을 둘러대며 다시 한번 생각해 보겠다고 말했다면, 카르멘은 결혼식 날 살해당하는 피해는 잠시 모면했을지 모른다. 그러나 그렇다고 해서 카르멘이 두려움에 떨며 호세에게 내가 다른 사람을 좋아하게 된 것을 미안하게 생각한다고 말했다면 오페라는 전혀 다른 엔딩을 보여주었을까?

다행히 우리가 만난 카르멘은 학습된 무기력이나 범죄피해 두려움은 없는 여성이었다고 말할 수 있다. '난 오늘 내가 사랑하는 사람과 결혼을 할 것이고, 넌 나의 과거 속 남자에 불과하니 길을 막지 마라!'라는 당당한 태도에 호세는 카르멘의 결혼식 날 살인자로 돌변하게 된다.

많은 데이트폭력 사건의 경우, 장기간 이성 배우자나 동거자로부터 폭력 학대 피해를 당한 여성들은 카르멘과 같은 행동을 하지 못하는 경우가 많다. 자신이 죽음을 당할 수도 있고, 설사 지금은 죽음을 피해도 결국 이후에 주변인들에게 찾아와 행패를 부리고 죽을 때까지 협박을 하며 자신을 불행하게 만들 것이라는 공포심에, 많은 피해 여성들이 당당하게 가해 남성에게 자신이 원하는 바를 밝히지 못하는 경우가 많다. 극도의 불안감을 갖고, 상황을 정확히 이해하지 못해 피해 관계를 벗어날 수 있다는 생각조차 제대로 하지 못하거나, 다시 위험한 상황으로 되돌아가야 한다고 생각하는 경우도 있다.

이런 심리 상태를 **"학습된 무기력**Learned Helplessness**"**으로 설명할 수 있다.[10] 셀리그만M. Seligman과 동료들은 장기간 통제할 수 없는 공포 상황에 노출된 사람들이 환경이 개선된 경우에도 스스로 어떤 변화를 만들어 내지 못한다는 것을 발견했다. 반복적으로 한 개인이 폭력과 학대 피해 상황을 경험하게 되면, 해당 상황은 어떤 경우에도 변화시킬 수 없다는 것을 조건형성 과정 속에서 의식, 무의식적으로 경험하게 된다. 이후 상황을 바꿀 수 있는 기회가 도래해도, 스스로 모든 것을 부정적으로 해석하게 될 가능성이 커진다.

결국, 피해자는 아무 시도도 하지 못하게 되는 "무기력" 증상을 내보이게 된다는 뜻이다. 이후 고통과 학대를 피할 수 있는 "회피 가능한 상황"에 유기체를 노출시켜도 절대 변화를 피하려고 노력하지 않는 심리 기제가 나타나기에 데이트폭력을 장기간 경험한 여성이 적극적으로 도움을 요청하지 않고, 변화를 위해 노력하지 않는 이유를 학습된 무기력으로 보다 쉽게 설명할 수 있다.

경찰이나 보호관찰관은 가정폭력이나 데이트폭력 피해자를 만나 도움을 줄 때, 가끔 남성 가해자를 피해자가 오히려 용서했다고 하며 다시 남성 가해자를 만나 피해자가 계속해서 스스로를 위험한 상황에 노출시킨다는 것을 알게 되었다.

실제, 손타그Sontag, 2002의 한 연구에서 여성 피해자가 합리화 기제를 동원해

---

10 셀리그만은 24마리의 개를 이용해 학습된 무기력과 관련된 실험을 실시한 바 있다. 전기충격에 대한 회피반응이 제대로 이루어지지 않는 개 집단을 보고, 학습된 무기력과 같은 심리상태를 확인한 것이다. https://terms.naver.com/entry.nhn?docId=384280&cid=42128&categoryId=42128

자신은 "경제적 이유 때문에 헤어지는 것은 곤란하다." 또는 "남편 아이 양육 문제로 지금은 헤어질 수 없다." 혹은 "종교적 이유로 인해 남성 가해자와 헤어질 수 없다." 등의 다양한 이유를 제시하며 가해 - 피해 관계 종단을 회피하는 경향을 보인다는 것을 확인했다Brown, Esbensen & Geis, 2013.

미국의 많은 州가 시행한 "경찰의 의무적·강제적 가정폭력 가해자 체포 정책"에 대해 밀즈Mills, 2008는 피해 여성이 학습된 무기력을 갖고 있다는 점을 피상적으로만 이해하게 되면, 피해 여성의 문제를 더 심화시켜 남녀 사이의 복합한 역동성을 고려하지 않은 잘못된 의무적 가해자 체포정책을 하는 것이라고 비난했다. 일시적으로 가해자를 체포해 두는 것이 결국은 가해자와 피해자의 학대 - 피학대 관계를 더 공고히 만들고, 피해자의 두려움과 학습된 무기력을 증가시킬 뿐 근본적인 피해 여성의 안전을 고려하지 않은 정책을 하는 것이라고 비판했다. 가해 남성들은 피해자가 절대 신고하지 못할 정도로 더 강한 통제와 폭력을 가할 우려가 있다. 강제적 체포정책 하나만으로는 피해자의 학습된 무기력 문제를 완전히 해소할 수 없다는 것이다.

남성 가해자의 데이트폭력과 가해행동을 여성과의 관계 갈등이나 성격 차이 하나로 설명할 수는 없다. 쌍방폭력 형태의 가정폭력이 증가하는 상황에서 남성 가해자와 여성 가해자를 비교·검토한 결과, 명확히 남성 가해자가 여성 가해자보다 더 심각하고 복합적인 폭력 관련 문제를 더 많이 갖고 있는 것으로 나타났다Bouffard et al., 2008.

남성 가정폭력 대상자는 알코올이나 약물 중독 문제 등을 갖고 있거나, 정신적 불안 문제 혹은 다른 폭력 전과 등을 갖고 있는 경우가 많은 것으로 나타났다. 그러나 여성 폭력 가해자는 이런 문제들이 없는 경우가 많았고, 가정폭력 이외에는 다른 전과가 없어 남성 가해자와는 위험성 수준이 전혀 다른 것으로 나타났다. 이러한 사실은 남성 가정폭력 가해자에 대한 교육이나 재범방지 수강명령이 여성의 그것과는 달라야 하고, 남성 가정폭력 대상자에 대한 처벌방식이 복합적인 활동 전반을 광범위하게 포함해야 한다는 것을 보여주는 근거가 되었다.

무엇보다도 학습된 무기력으로 인해 여성 피해자가 매우 힘들게 관계를 종식하는 용기를 낸다는 것을 이해할 필요가 있다. 상상할 수 없을 만큼 큰 용기를 내야만 여성 피해자는 남성 가해자에게서 벗어날 수 있다는 것이다. 충격적인 사실은 남자 친구나 남편과 완전히 헤어진 직후에 여성에게 가해지는 폭력 피해 위험 확률이 더욱 증가하게 된다는 점이다Fleury et al., 2000. 큰 용기를 내어 가정폭력 가해자에게 이별을 요구했지만, 피해자들 상당수가 헤어짐 통보 직후에 큰 폭력피해를 겪게 된다.

죽을힘을 다해 자신이 이별을 원한다는 의사표현을 하고, 관계를 정리하게 될 때 여성 피해자는 가장 큰 범죄 피해를 당할 위험한 상황에 놓이게 된다고 하겠다. 오페라 속 카르멘 역시 당당하게 자신의 이별 의사를 호세에게 밝힌 직후, 호세의 손에 죽임을 당하게 되었다.

미국 일부 지역에서는 가해자에 대한 강제적 체포나 구금 전략보다는 데이트폭력 살해 사건을 막기 위해 잠재적 가해자가 이별의 상황을 스스로 인지하고 받아들일 수 있도록 도와주는 초범 가해자를 위한 폭력충동 조절 프로그램이나 성인지 감수성 강화 프로그램, 약물중독 예방 프로그램 등을 하나의 패키지로 의무화하는 방법이 대두되기도 하였다Bell et al., 2011.

미국에서는 가정폭력이나 데이트폭력 피해 여성이 정당방위 차원에서 학대 남성 가해자를 죽이는 경우, "**학대피해 여성 신드롬**Battered Women Syndrome"을 하나의 질병으로 인정해 여성 피해자가 저지른 살인을 살인죄가 아닌 감형을 통한 무죄 판결로 인정하는 판례가 나오게 되었다. 학습된 무기력 등으로 인해 여성 피해자가 낮은 자존감을 갖게 되었고, 올바른 판단을 전혀 할 수 없는 상황에서 자신을 보호하기 위해 상대방 가해 남성을 살해한 것이므로 책임능력 등이 존재하지 않는다고 보고 해당 범죄행위를 무죄로 봐야 한다는 의견이 일부 사법부에 반영된 것이다.

즉, 서구에서는 가정폭력이나 데이트폭력의 피해자였다는 사실이 하나의 책임능력 면책 사유로 인정되는 상황이 되었다고 볼 수 있다. 실제, 데이트폭력이나 가정폭력 대다수의 피해자는 여성이고, 이성과의 관계 속에서 은밀하게 장기간 남성의 과거 학대 및 범죄행위가 지속된다는 점에서 매 맞는 여성 피해자가 보이는 독특한 심리상태를 양형 과정에서 세심하게 살필 필요가 있다.

물론 해당 여성이 살인을 저지르기 전에 얼마만큼 학대 상황을 벗어날 수 있는 기회가 있었는지 살펴볼 필요가 있다. 그리고 가해 남성도 어린 시절 어쩌면 또 다른 누군가로부터 학대를 당한 피해자일 수 있어 피해자 살해 감경 논거를 다시 원론으로 돌려놓아야 한다는 반대의견도 있다.

카르멘처럼 오늘날의 많은 여성들은 당당하게 스스로 학대 상황을 벗어나기 위해 노력하고, 스스로 학습된 무기력에 굴하지 않고 용감하게 가해 - 피해 관계를 종식시키려고 한다. "학대피해 여성 신드롬"의 문제가 없었기에 카르멘은 너무나 당당하게 자신의 감정을 호세에게 이야기하며 이별을 요구할 수 있었다. 그런데 이런 카르멘에게 호세는 폭력을 저지르고, 마지막에는 살인까지 저질렀다. 만약 "학대피해 여성 신드롬"을 카르멘이 겪고 있었다면, 호세와 카르멘은 각각 어떻게 반응했을까? 만약 카르멘이 호세의 폭력성을 예측하고 평상시에 흉기를 몰래 숨기고 있다가 살인을 하려는 호세를 먼저 살해했다면 우리는 카르멘에게 어떤 처벌을 할 수 있을까?

Ⅲ. 오페라 『카르멘』 파헤치기

1. 인간의 감정을 말하다.

> "한 여자에게 자기 자신과의 만남은 심각한 위험을 안고 있는 하나의 게임이다.
> 신성한 춤이다. 우리가 만날 때 우리는 두 개의 신적 에너지,
> 서로 충돌하는 두 개의 우주다.
> 그 만남에 서로에 대한 경의가 부족하면, 한 우주는 다른 우주를 파괴한다."
>
> - 파울로 코엘류 <11분> 中[11]

누구나 살아가면서 한 번쯤은 사랑에 빠지게 된다. 상대방이 나의 운명이라 믿게 되면 무언가에 홀린 듯 사랑에 빠진다. 이렇게 시작된 사랑이 때로는 평생의 반려자로 연결되기도 하지만, 아쉽게도 한때의 가슴 아픈 일로 남아 서로에게 고통과 후회만을 남기기도 한다. 사랑은 '떨림'과 '설렘'과 같은 달콤한 단어들로 시작하지만, 그 사랑의 끝인 이별의 단계에서는 '애증'과 '슬픔', '후회'라는 단어를 남기는 경우가 많다. 오페라 '카르멘'은 사랑이라는 이름으로 일어나는 복수와 폭력, 배신, 삐뚤어진 소유욕에 대한 잔인한 비극적 요소를 아름다운 음악으로 승화시키고 있다.

---

11 Coelho, P. (2009). *Eleven minutes*. Harper Collins. 인간에게 사랑과 성이란 과연 어떤 의미가 있는가, 성에 성스러움이 담길 수 있는가, 그 성스러움에 다가가기 위해서는 어떻게 해야 하는가 하는 주제를 다루고 있는 장편소설.

비제의 카르멘이라는 작품을 마주하다 보면, 파울로 코엘료가 쓴 〈11분〉이라는 소설이 떠오른다. 두 작품 모두 한 여성의 당당한 사랑이 다른 사람들 눈에는 어떻게 비춰지는지, 우리는 카르멘의 그 솔직한 사랑을 어떤 색안경을 끼고 바라보게 되는지, 그리고 여인의 솔직함과 당당함이 버림받은 상대방에게 어떠한 고통을 야기하는지 생각하게 만든다. 오페라의 주인공 카르멘이 갖고 있는 사랑에 대한 가치관은 상대방에게 너무나 큰 상처를 남겼고, 그로 인해 결국 서로 사랑했던 연인관계에서 잔인한 폭력행위를 저지르는 상대방이 되어 버린 두 연인은 배신과 집착이라는 광적인 감정 앞에서 죽음을 맞이하게 된다.

비제의 카르멘은 한 남자가 사랑하는 여성의 마음을 되돌리기 위해 얼마나 왜곡된 집착을 보여줄 수 있는지, 그리고 사랑이라는 이름으로 얼마나 이기적인 집착과, 폭력, 위협, 공격행동이 나타날 수 있는지 적나라하게 보여주는 작품이라고 하겠다.

2. 범죄학이 말을 건다.

남녀관계에서 발생할 수 있는 범죄는 연인관계에 발생하는 데이트폭력이나 부부 사이에서 발생하는 가정폭력 이외에도 스토킹, 언어적·신체적·성적 폭력 등 다양하다. 인간이 가지고 있는 다양한 감정 중에서 사랑이라는 감정에서 수반되는 '질투', '소유', '욕구'와 같은 감정은 누구나 가지는 근본적이고 정상적인 감정이다. 하지만 이런 근본적인 감정이 잘못된 방법으로 표출된다면 이는 더 이상 정상이라는 범주에 속할 수 없게 된다. 우리는 사랑에 빠지면 사랑하는 상대방을 '소유'할 수 있다고 오해할지도 모른다. 특히, 남녀 간의 관계에서 내가 사랑한 만큼 상대방도 날 사랑해 주길 바라고, 그 사랑만큼 서로를 소유했다고 믿기도 한다. 상대방에 대한 믿음과 신뢰가 가지는 의미에서 소유욕은 건강한 애정관계의 원천이 될 수 있을지 모르지만, 사람은 소유의 대상이 아니다. 소유할 수 있을 것이라는 생각은 믿음이 아닌 집착과 불안만을 남게 하는 처음부터 잘못된 생각이다.

누군가를 소유할 수 있다고 믿는 것은 잘못된 신념이다. 마치 작품 속 호세처럼 말이다. 여주인공 카르멘은 연인이었던 호세에게 이별을 통보하고 투우사와 새로운 사랑에 빠지게 된다. 이미 새로운 사랑을 시작한 카르멘과 다르게 호세는 아직 카르멘과의 사랑을 끝내지 못하고 있었다. 어쩌면 이별을 통보받은 호세는 카르멘이 자신에게로 돌아올지 모른다고 잘못된 착각을 했는지 모른다.

카르멘이 다른 사랑을 시작한 것을 알았을 때에도, 호세는 카르멘이 돌아올 거라 기대를 하였을지도 모른다. 또 호세는 카르멘에게 너무 많은 것을 주었고, 그래서 카르멘이 자신의 것이라고 생각하였을 것이다. 카르멘을 포기하지 못한 병사가 변심한 카르멘에게 "내가 널 가질 수 없다면, 아무도 가질 수 없어."라고 오열하며 칼을 휘두르는 장면은 호세가 상대방을 가질 수 없다는 사실을 인정하지 못하고 폭력을 행사하는 극단적인 감정의 변화를 보여준다. 결국 호세는 자신이 카르멘을 결코 소유할 수 없다는 것을 인식했고, 그 사실을 부인하고 싶어 폭력을 행사한 것이다.

우리는 모두 자신이 원하는 방식대로 타인에게 대우받고 사랑받기를 원한다. 그러나 그렇게 되지 않을 경우 긴장, 좌절, 고통, 슬픔 등의 부정적 감정을 느끼게 된다. 이러한 부정적 감정을 범죄학에서는 긴장Strain이라고 부른다. 일반긴장이론 General strain theory에서는 그 긴장감을 해소하기 위한 방법으로써 공격적 행동을 하게 된다고 설명한다. 오페라 속에서 병사는 믿었던 누군가에게 완전히 버림받았다는 좌절, 그 처절한 배신감 앞에서 상대방에게 자신이 느낀 고통을 똑같이 되갚아주겠다는 분노를 느꼈고 그것이 결국 잔인한 범죄로 이어진 것이다.

3. 널 사랑한 만큼 동시에 미워한다, 카르멘!

스페인 세비야에 살고 있는 카르멘이라는 여성은 집시의 자유로운 삶을 사랑하고, 자신의 감정에 항상 당당하고 솔직한 아름다운 무희이다. '달아나면 쫓아가고, 외면하면 바라보는' 사랑의 감정을 그녀는 너무 잘 알고 있다. 어쩌면 그동안 많은 사랑의 경험으로 사랑이 얼마나 가볍고 쉽게 변할 수 있는지 알게 되었을 수도 있다. 그래서 병사와의 관계에 있어서도 카르멘은 이기적인 사랑을 생각했는지도 모른다.

카르멘은 나팔이 울려 군대 점호에 돌아가야 할 병사를 아이처럼 굴며 붙잡아 둔다. 모든 사람들과의 관계에 있어서 자신의 감정에 너무나 충실한 카르멘에게 이런 행동은 당연한 일이다. 그녀는 관심 없는 사람에게는 이런 이기적인 행동조차 하지 않는 솔직한 여자다. 병사에게 대장이 빨리 귀가를 하라고 하지만 병사는 이에 불복하며 칼까지 뽑아 들게 되었다. 이때 카르멘이 소리를 지르자 집시들이 달려오고 대장은 달아나 버린다. 이제 병사는 귀대조차 할 수 없게 되어 버렸고 카르멘은 그에게 자신과 같은 '집시' 신분으로 살아가자고 제안하게 된다.

원래 다른 집시 여성 동료들과도 쉽게 말다툼을 잘 하고, 떠돌이 밀수생활을 즐기며, 자기 자신의 감정에 솔직한 사랑을 추구하는 카르멘…. 이런 카르멘의 매력에 많은 남성들이 마음을 뺏기지만, 특히 병사의 사랑은 비극적인 살인을 불러오게 된다. 병사는 "너는 구해 줄게, 마음을 돌려, 다른 남자에게 가려는 건 아니지? 지난날은 다 잊고, 다시 사랑을 시작하자."라고 사랑을 구걸한다. 카르멘이 새로운 사랑을 느끼게 된 투우사에 대한 감정을 솔직히 이야기하자, 병사는 "나와 함께 가지 않는다면 죽는 거야."라는 말을 한다.

"너는 나를 떠나서 투우사의 품에 안긴 채 날 비웃겠지."라는 표현은 카르멘에게 버림받은 병사의 마음을 잘 표현해 주고 있다. 병사의 대사에는 버림받았다는 비참함과, 카르멘에 대한 서운함, 사랑하는 연인에 대한 배신감, 지난날의 후회, 미래에 대한 막막함, 끝도 없는 자기연민 등의 모든 부정적인 '분노'의 감정이 담겨 있다.

사랑은 자신이 갖고 있는 연약한 모습을 상대방에게 온전히 내보일 수 있어야 한다. 사랑은 상대방에게 자신이 원하는 것을 강요하지 않는 것이고, 서로의 아픔을 위로할 수도 있어야겠지만, 자신의 아픈 감정을 스스로 극복해 갈 줄도 알아야 한다. 상대방이 내가 가진 고통을 치유해야 할 책임이 있다고 생각하는 것은 매우 위험한 일이다. 상대방에게 집착하지 않고 사랑을 유지할 수 있어야 진정한 사랑을 하고 있다고 말할 수 있다.

4. 범죄학자의 생각 정리

우리 모두는 타인으로부터 인정받기를 원한다. 특히, 자신이 아끼는 소중한 누군가에게는 꼭 온전한 자기 모습 그대로 인정받고 사랑받기를 간절히 원한다. 즉, 자신이 '원하는 방식 그대로 대접받기를' 원하는 인간의 본능이 제대로 이루어지지 않을 때 괴로움과 고통, 좌절, 분노, 배신감 등의 부정적 감정을 느끼게 된다고 말할 수 있다.

카르멘을 사랑한 병사가 보인 극단적 폭력 및 살인 행동을 일종의 데이트폭력으로 간주한다면 이러한 폭력행동을 일반긴장이론General strain theory으로 설명할 수 있다. 구체적으로 에그뉴Agnew, 1992가 말한 일반긴장이론General strain theory에 따르면, 호세의 공격행동은 '자신이 원하는 대로 대우 받지 못하는' 상황에 기인한 문제 행동이라고 볼 수 있다.

무엇보다도 자신이 얻고자 하는 것을 얻지 못하게 되었을 때나, 원치 않는 괴로운 자극 앞에 노출될 때 문제 행동이 나타난다고 볼 수 있다. 또한, 자신이 소중하게 여기던 누군가가 떠나갔거나, 자신이 아끼는 무엇인가를 잃어버렸을 때 느끼게 되는 심리적 고통이 문제 행동을 야기할 수 있다Agnew, 1992.[12] 병사의 입장에서는 사랑하는 여성의 배신과 이별 통보가 너무나 고통스러운 긴장 유발 상황으로 다가왔을 것이다.

긴장이라는 부정적 감정을 조절하기 위해 자해행동과 같은 자기 공격적 행동을 보이기도 하지만, 타인에 대한 폭력행동과 같이 외부로 문제행동을 직접 표출하기도 한다Paternoster & Mazerolle, 1994.[13] 개인마다 긴장이라는 극도의 불안감 앞에 대처하는 반응 기제를 모두 다르게 갖고 있어, 누군가는 건전한 방식으로 심리적 불안감을 해결하기도 하지만, 누군가는 옳지 않은 방식으로 긴장감을 낮추려 하는 것이다.

자신이 원하는 대로 대우받지 못한다고 느꼈을 때 쉽게 통제할 수 있는 자신의 몸이나 목숨을 포기하는 극단적인 행동을 보이기도 한다. 하지만 때로는 자신보다 힘이 약한 타인이나 자신에게 고통을 준 상대방 주변인 등을 향해 폭력행동을 표출하기도 하여 부정적인 긴장감을 낮추려 한다고 말할 수 있다.

우리나라에서는 최근 우연히 게임 공간에서 알게 된 여성이 만남을 원하지 않자, 여성의 가족들을 무참히 살해한 '노원 세모녀 살인 사건'으로 데이트폭력 살인사건이 큰 사회적 분노를 일으키게 되었다.[14]

피해 여성이 자신의 마음을 받아주지 않는다는 이유로 배신감을 느껴 피해자 본인과 피해자 가족들을 살해할 계획을 일주일 전부터 면밀히 준비하여 잔혹하게 살해했다는 점에서 그 심각성이 특히 크다고 하겠다. 그전에도 우리나라에서는 데이트폭력 문제가 지속적으로 발생했다. 명문대 학생이 헤어진 여자친구가 자신을 만

---

[12] Agnew, R. (1992). Foundation for a general strain theory of crime and delinquency. *Criminology*, 30(1), 47-88.

[13] Paternoster, R., &Mazerolle, P. (1994). General strain theory and delinquency: A replication and extension. *Journal of research in crime and delinquency*, 31(3), 235-263.

[14] https://www.mk.co.kr/news/society/view/2021/04/341971/ 최종확인 2021년 4월 10일.

나주지 않는다며 여학생을 스토킹하고 끝내 살인까지 저지른 범죄가 발생하여 법원으로부터 징역 15년형을 선고받은 사건도 있었다.[15] 자신의 여자친구가 헤어진 후에 아무리 부탁해도 다시 돌아오지 않는다는 사실에 분노를 느껴 살인을 저지른 일종의 순간적인 격정범일 수 있다.

한편, 인간의 태도는 감정과 사고, 행동이 함께 작용할 때 형성되는데, 여성에 대한 편협한 사고가 잘못된 행동을 계속 합리화하게 만들어 범죄를 저지르게 된 것으로 설명할 수도 있다. 즉, 자신이 저지른 강요나 폭력, 모순적인 행동에 대해 잘못을 인정하고, 행동을 바꿔 태도를 수정해 관계를 개선하는 것이 필요한데, 데이트 강간이나 배우자 폭력을 저지른 범죄자들은 왜곡된 사고 체계를 유지하면서 수치심이나 후회, 반성 등의 부정적 감정을 계속 부정하는 패턴을 보이게 되는 경우가 있는 것이다.

인지심리학과 행동주의 시각에서도 이러한 상황을 설명할 수 있다. 데이트 강간을 저지르는 범죄자들은 타인에 대한 공감능력이나 의사소통 기술 등의 기본적인 능력이 결여되어 있다고 보는 것이다Vito, Mahhs & Holmes, 2007.[16] 자신이 갖고 있는 고통과 좌절을 표현하는 방식을 제대로 학습하지 못하고, 상대방이 느끼는 두려움과 고통에 공감하는 방법을 모른다면 폭력의 가해자가 될 가능성이 크다.

자신이 원하는 대로 대우받지 못할 때 그 긴장감을 해소하기 위해 자해나 공격 행동을 보이는 것은 문제를 해결하는 올바른 대처 방법이 아니고, 오히려 문제를 악화시켜 위험한 결과를 초래할 우려가 크다. 특히, 이성과의 사랑을 자신이 원하는 방식대로 만들기 위해 부정적 긴장감을 무조건적으로 표출하는 것은 병사가 카르멘에게 저지른 살인행위와 같은 끔찍한 결과를 불러올 수 있다.

사랑을 시작할 때, 그리고 사랑을 지켜 나갈 때, 마지막으로 사랑을 보내줄 때, 우리는 매 순간마다 진정으로 상대방을 배려하는 자세를 가져야 할 것이다. 때로는 그것이 너무 어려운 일이지만, 상대방의 입장에서 생각하고, 상대방을 먼저 배려해 주는 것, 그것이야 말로 누군가를 '사랑할 자격'이 있는 사람이 보일 수 있는 최고의 자세이다.

---

15 http://economy.hankooki.com/lpage/society/201405/e2014051613401293780.htm 신문기사 최종 확인 2015년 7월 1일
16 Gennaro F. Vito, Jeffrey R. Mahhs, & Ronald M. Homes. (2007). *Criminology: theory, research, and policy*. Jones and Bartlett Publishers, Inc.

생각해 보기

1. 카르멘에서 우리는 병사 호세가 치정에 의하여 살인을 저지르는 장면을 보았습니다. 이러한 종류의 살인이 발생하는 기제를 다양한 범죄학 이론으로 설명해 봅시다.

2. 우리가 살고 있는 현대사회에서도 오페라 "카르멘" 속의 살인과 같은 범죄행위가 여전히 발생하고 있습니다. 오페라의 배경이 되는 시대와 현대사회에서 발생하는 "가정폭력"이나 "데이트폭력 살인범죄" 혹은 "스토킹 살인범죄"들의 공통점과 차이점을 설명해 봅시다.

3. 오늘날 대학생들 사이에서도 데이트폭력이 많이 발생하곤 합니다. 데이트폭력의 발생 원인에 대하여 범죄학 이론을 통해 설명해 봅시다. 이에 대한 해결 방안과 건강한 남녀 간의 헤어짐 방법에 대하여 솔직하게 이야기해 봅시다.

4. 만약 본인이 오페라 속 "호세"였다면, 직업 군인으로서 카르멘의 이별통보에 대하여 어떻게 대처하였을지 생각해 봅시다. 그리고 탈영을 해야 하는 극한 상황에 대해 호세가 보인 대처 방식의 문제점은 무엇인지 이야기해 봅시다.

5. 오늘날에도 여성에 대한 이중적 잣대와 왜곡된 사고로 여성 대상 증오범죄와 혐오표현이 때때로 일어나고 있습니다. 이러한 범죄의 발생 사례에 대하여 이야기하고, 해당 범죄의 원인을 범죄학 이론으로 설명해 봅시다.

오페라 이해하기

1. 왜 처음 카르멘은 호세와 같은 병사에게 관심을 보이게 된 것일까요?

2. 왜 카르멘은 호세가 군부대로 다시 귀대해야 한다는 사실에 분노를 느꼈을까요?

3. 호세는 어떠한 점 때문에 과거의 여자친구를 버리고 카르멘을 선택했을까요?

4. 호세는 탈영한 상태에서 어머니의 병환 소식을 듣고, 바로 집으로 돌아갑니다. 그리고 연인 카르멘에게 매우 위협적인 태도를 취하며 절대로 자신과 헤어질 수 없고 다른 남자와 사랑에 빠져서도 안 된다는 협박을 합니다. 왜 호세는 이런 태도를 취하게 된 것일까요?

5. 만약 여러분이 호세와 같은 사랑을 하게 된다면, 이별을 고하는 카르멘에게 어떤 감정을 갖게 될까요? 호세와 같은 공격적 행동 외에 어떤 방법을 써서 카르멘의 마음을 돌리려 할까요?

● 아… 그렇구나!

조르주 비제(1838~1875)가 만든 카르멘은 아름다운 스토리를 가진 비극적인 사랑 오페라입니다. 비제가 세상에 본인의 이름을 알리게 된 것도 바로 〈카르멘〉의 성공 때문이었습니다. 비제는 사실 많은 오페라 작품을 발표했는데, 당시 대중들에게 그의 작품은 대부분 큰 관심을 얻지 못했습니다. 처음이자, 마지막으로 생을 마감하기 직전에 발표한 카르멘이 '대박' 성공을 거두면서 비제의 이름도 세상에 빛을 발하게 된 것입니다. 아쉽게도 36세의 나이로 비제는 심장발작으로 인해 너무 일찍 세상을 떠나게 되었습니다. 카르멘이 가져다 준 부귀영화를 충분히 누리지 못하고 짧은 삶을 마감한 작곡가 비제를 기억하며, 오페라의 선율을 즐겨 보시기 바랍니다.

● 오페라 이야기

• '부도덕한 카르멘'에 대한 비판은 당시 큰 논란을 불러일으켰습니다. 카르멘이라는 여성 캐릭터의 이미지 때문에 초연부터 무조건 엄청난 인기를 끈 것은 아닙니다. 당시 일부일처제를 기본 원칙으로 했던 종교계에서는 카르멘 캐릭터가 반갑지 않았습니다. 작품을 관람했던 상류층 역시 집시 여인의 이야기가 싫었고, 카르멘이 보여주는 '요염한' 사랑의 움직임과 '위험할 정도로 솔직한 여인의 변심'도 많은 상류층 사람들에게는 거북하기만 했습니다. 음악과 춤이 너무 현란하고 부도덕하다는 비판이 초연 때 제기되었고, 좌절에 빠졌던 비제는 초연 석 달 만에 갑자기 세상을 떠나는 비극을 맞게 되었습니다. 얼마 있지 않아 카르멘이 전 세계 사람들에게 큰 인기를 얻게 되었으나, 비제는 그 끝을 제대로 보지 못했습니다.

• 〈카르멘〉은 원래 프랑스 작가 '프로스페르 메리메'가 집시의 절망과 자유에 대한 갈망을 소설로 만든 것을 활용한 것입니다. 원작 소설이 당시 집시(gipsy)들의 생활을 보다 사실적으로 묘사하고 있어 그 절망적 상황을 비극적 스토리로 잘 전개했다고 평가받았습니다. 집시는 유럽에서 유태인보다 더 잔인하게 박해받았던 소수민족 중의 하나입니다. 이들이 누릴 수 있는 교육 경험이나 재산은 허용되지 않았고, 오직 유럽 내 하층민으로 천대와 박해만 있을 뿐이었습니다. 심지어 제2차 세계 대전 중 상당수의 집시들이 나치에 의해 잔인하게 살해되기도 했습니다.[17]

---

17 https://terms.naver.com/entry.naver?docId=3568546&cid=59000&categoryId=59000 네이버 백과사전 최종확인 2021년 1월

05

투란도트:
사회유대이론,
일반범죄이론,
발달이론

"류"가 얼음공주의 마음을 녹였다.

투란도트: 사회유대이론, 일반범죄이론, 발달이론
"류"가 얼음공주의 마음을 녹였다.

"내가 과거에 만든 라보엠, 토스카, 나비부인 등은 모두 잊어라.
이제까지의 내 오페라들은 다 버려도 좋다.
오직 한 작품 "투란도트"만 기억해 달라."
- 쟈코모 푸치니

I. 푸치니의 투란도트(Turandot)

1. 투란도트를 변화시킨 여인 "류"

푸치니Giacomo Puccini의 투란도트는 중국 베이징을 배경으로 한 전설적인 동양의 이야기를 담고 있다. 얼음공주 **투란도트**는 사랑을 믿지 못하고, 남자들의 구애를 빌미로 자신과 결혼하려고 하는 남성들을 참수형에 처하는 잔인무도한 공주이다.

공주가 남자 구혼자에게 제시한 퀴즈 문제를 구혼자가 모두 맞히게 되면, 공주는 그 남자와 결혼을 하게 된다. 그러나 수수께끼 문제를 맞히지 못하면 남자는 자신의 목숨을 내놓아야 하는 잔인한 "오징어 게임" 식의 스릴러극이 펼쳐진다.

얼음공주 투란도트는 나중에 자신과 정반대의 삶을 선택하는 착한 사랑꾼 여성 - "류"의 모습을 보고 큰 감명을 받게 된다. 그리고 큰 변화와 성장을 경험하게 된다. 사랑을 위해 자신의 목숨을 포기하는 지고지순한 여인 "류"를 보면서 서서히 자신이 가진 기이한 복수 감정을 반성하고 후회하게 되는 것이다. 그리고 진실한 사랑과 희생이 무엇인지 고민하게 되면서 오페라는 해피엔딩을 보여주게 된다.

이 오페라는 증오, 불신, 분노로 가득 찬 얼음공주 투란도트가 **칼라프** 왕자와 류라는 주변 캐릭터들을 만나게 되면서 어떻게 완전히 다른 사람으로 변화되어 가는지를 보여주는 인간 성장형 스토리를 보여준다. 정말 투란도트 공주처럼 주위에서 좋은 사람을 만나면 극적인 사건을 경험하게 됨으로써, 타고난 본연의 기질을 버리고 전혀 다른 사람으로 바뀔 수 있는 것일까?

푸치니의 오페라 투란도트는 타고난 범죄자의 기질, 즉 천성nature의 힘과 주변 환경의 변화에 속하는 양육nurture의 힘이 한 인간을 어떻게 변화시킬 수 있는지를 잘 보여주는 작품이다. 관중들은 극적인 사건을 통해 투란도트 공주가 어떻게 완전히 다른 사람으로 변모되어 가는지를 여러 가지 에피소드 속에서 흥미롭게 관찰해 가게 된다.

푸치니의 투란도트에서는 두 명의 여성 주인공이 등장한다. 먼저, 자신에게 관심을 보이고 결혼을 원하는 남성을 무조건 죽이려고 하는 얼음공주 **"투란도트"**이다. 그리고 그 다음으로 등장하는 여성은 사랑하는 남성의 행복을 위해 장엄한 죽음을 택하는 뜨거운 여인 **"류"**이다. 투란도트는 중국 최고의 힘을 가진 황제의 딸이고, 류는 패배국 출신의 천민인데, 두 캐릭터는 출신 배경에서부터 극적인 대조를 이룬다.

문제는 이 두 여인이 칼라프 왕자와 복잡한 삼각관계에 있다는 점이다. 칼라프가 멸망한 제국 타타르의 왕자로서 투란도트에게 청혼을 하게 되면서 두 여인의 갈등이 시작된다. 류라는 여인은 일편단심 왕자만 바라보고 있고, 왕자는 분노에 가득 찬 얼음공주 투란도트만을 바라보는 상황이다. 여기에서 투란도트는 다른 남성들처럼 수수께끼를 통해 잔인하게 칼라프 왕자를 죽이고 싶어 한다.

사실, 얼음공주 투란도트가 기이한 행동을 하는 것에는 나름 이유가 있었다. 왕실 내 여자 선조 조상들이 과거에 겪었던 억울함 때문이다. 오래전 투란도트의 어머니와 할머니, 그리고 증조할머니들이 나라가 위태로워져 전쟁의 위기에 처했을 때 젊은 이국 남성들로부터 고문을 받고 이루 말할 수 없는 고초를 경험한 것이다.

무고한 젊은 남성들의 목숨을 노리는 남성 혐오자가 된 투란도트는 사랑을 믿지 않고, 무조건 남성을 해치고 싶다는 생각을 하게 된다. 그러나 오페라 작품 속에서 투란도트 공주는 서서히 류라는 여인의 희생과 왕자의 순정을 보면서, 큰 혼란을 느끼게 된다. 류는 자신이 사랑하는 왕자의 행복을 빌어주기 위해 목숨을 희생하는

지고지순한 여인인데, 그녀의 결단을 보고 자신의 모습을 반성하게 되는 계기를 갖게 된 것이다.

왜 오페라 투란도트에서는 이리도 상반되는 두 캐릭터가 등장하는 것일까? 도대체 투란도트에게 진정한 사랑이란 무엇일까? 얼음공주 투란도트는 어떻게 잔혹한 복수감정을 버리고 마침내 결혼을 결심하게 된 것일까?

오페라 투란도트의 결말이 해피엔딩인데, 마지막 막이 내려간 뒤에도 '정말 왕자와 투란도트 공주는 싸우지 않고, 영원히 행복하게 살았을까?' 하는 생각을 하게 된다. "그렇다면, 대체 악행을 저지르던 범죄자들은 어떤 상황에서 영원히 범죄습관을 버리게 되는 것일까?" 이와 같은 범죄의 시작onset과 지속continuance, 중단desistance 등의 범죄발달이론developmetal theory과 관련된 질문을 오페라 투란도트 속에서 떠올려 볼 수 있다.

2. 투란도트 공주의 어린 시절과 증오범죄(hate crimes)

오페라 투란도트 1막에서 주인공은 남성에 대한 증오범죄를 저지르는 천하의 악당 캐릭터로 등장한다. 가만히 작품 속 투란도트 공주의 변화 과정을 보면 그녀는 참으로 복잡한 캐릭터이다. 겉으로는 모든 남성이 원하는 완벽한 조건을 다 갖춘 "최고의 신부감"이면서 남성혐오증을 가진 자신의 주관적 의지가 매우 강한 여인이다. 아버지는 중국 베이징을 다스리는 황제이고, 공주는 당대 최고의 아름다운 자태를 갖춘 재원이다.

그러나 한 가지 이해할 수 없는 것은, 바로 여자 조상들이 경험한 처참한 능욕 피해 이야기를 듣고, 공주 투란도트가 어릴 때부터 과도한 결혼 기피증과 남성에 대한 불신과 혐오, 복수 감정을 갖게 되었다는 점이다. 처음에 가졌던 응보 감정을 실행에 옮겨 젊은 이국 남성들을 교수형에 처하는 방식으로 '증오범죄'를 저지르는데, 어느 날 사랑을 위해 목숨을 희생하는 여인 "류"와 자신을 진심으로 사랑하는 남성 "칼라프" 왕자를 만나면서 지난날을 후회하는 모습을 보여준다.

결혼을 거부하고 어떻게 해서든 남성들을 참수형에 처하고자 공주는 아무도 풀수 없는 어려운 수수께끼 문제를 내놓는다. 문제의 정답을 맞히면 공주와 결혼할수 있지만, 틀리면 남자들은 자신의 목숨을 포기해야 한다. 즉, 투란도트 자신이 직접 살인을 저지르는 것은 아니지만, 교묘한 퀴즈 문제를 통해 남자들이 답을 맞히지 못할 경우 사형을 집행하는 남성혐오형 살인범죄를 저지르는 것이다.

결혼을 하지 않겠다는 투란도트의 계획이 젊은 남성들에 대한 사형 집행으로 연결되니, 그 방법이 매우 잔인하고 교묘하다고 볼 수 있다. 어린 시절에 들었던 할머니와 어머니의 슬픈 여성학대 이야기가 아마도 투란도트에게 고통스러운 트라우마로 남은 듯하다. 과거 선조 여성들이 남성에게 당한 잔혹한 피해 경험이 구전되어 오면서 피로 남성들에게 고통을 되갚아 주고, '정의'를 실현하겠다는 왜곡된 복수감정이 만들어졌다.

투란도트는 자신이 가진 권력을 이용해 특정 성gender에 대한 혐오범죄hatred crimes를 반복적으로 저지르는 잔인한 여성이 되었다. 여성 조상들을 괴롭힌 특정 남자가 아니라, 자신과 결혼하고자 하는 모든 불특정 남성들을 상대로 분노를 표출하는 것이다. '무동기 범죄,' 혹은 '묻지마 범죄'로 알려진 범죄 행동들이 투란도트의 남성 대상 증오범죄hate crimes와 닮아 있다.

많은 범죄학자들이 "왜 인간은 범죄를 저지르는가?"라는 질문을 한 반면에, 사회적 유대Social Bonding 이론을 주장한 허쉬Hirschi는 1969년에 자기중심적인 인간 본연의 특성이 범죄를 저지르게 만든다고 보고, 범죄를 저지르는 것이 인간이 내면에 가진 당연한 원초적 욕구를 따르는 정상적인 일이라고 가정했다. 따라서 '왜 범죄를 저지르는가'의 문제가 아니라, '왜 누군가는 범죄를 저지르지 않는가'에 대한 답을 찾아야 한다고 보았다.

투란도트의 문제 행동이 자기 자신의 감정만 중요하게 생각하고, 자신의 이익만 챙기려고 하는 인간의 타고난 본능에 충실한 것이라고 해석할 수 있다. 허쉬의 입장에서는 오히려 투란도트가 아닌 "류"라는 여성의 행동이 자기중심적인 인간의 본능에 역행하는 다소 특이한 이타적 행동으로 보일지 모른다.

허쉬에 따르면, 인간이 보여주는 자기희생적 행동은 어린 시절인 9세 전후에 한 개인이 형성한 중요한 타자와의 유대감과 연관되어 있다. 원래는 이기적인 행동을 해야 하지만, 어린 시절에 형성된 안정적인 타인과의 "유대감"으로 인해 자기중심적 욕구를 억누르고 통제할 수 있다고 본다. 패배국 출신의 가난한 천민 "류"는 분명 어린 시절 보호자와 강력한 연대감을 형성했고, 이로 인해 왕자에 대한 신뢰와 사랑을 유지할 수 있었던 것으로 짐작해 볼 수 있다. 반면, 투란도트는 어린 시절 부유한 왕족들과 어울리며 윤택하게 살았지만, 안타깝게도 사람에 대한 믿음과 끈끈한 유대감을 그 어느 누구와도 제대로 형성하지 못한 채 외롭게 성장했던 것으로 볼 수 있다.

오페라 투란도트에서는 트래비스 허쉬Travis Hirschi가 1960년대에 주장한 사회적 유대이론을 활용해 얼음공주의 문제 행동을 설명할 수 있다. 추가로 1990년에 마이클 갓프레드슨Michael Gottfredson과 트레비스 허쉬Travis Hirschi가 함께 발표한 일반범죄이론General Theory of Crime을 통해 투란도트의 낮은 자기통제력과 범죄와의 관계를 살펴볼 것이다. 그리고 성인기 때 투란도트가 경험한 일들이 어떻게 그녀의 차가운 마음을 변화시켰는지, 발달이론Development Theory을 적용해 함께 살펴볼 것이다.

3. 오페라 『투란도트』 감상하기

왕자 칼라프는 전쟁에서 패배한 국가의 로열 패밀리 혈통의 왕손이다. 그러나 과거의 영광과 달리, 아버지 티무르 왕은 장님이 되었고, 베이징에서 시녀 류에게 의지해 겨우겨우 삶을 연명해 가는 비참한 상황에 놓여 있다.

우연히 공주 투란도트의 미모를 보게 되면서, 그녀와 결혼하여 사랑도 얻고, 베이징 왕국의 왕이 되고자 한다. 오페라 투란도트에서 왕자 칼라프가 왜 투란도트와 결혼하려고 하는지, 그리고 어떤 점 때문에 투란도트에게 반했는지는 정확히 알 수 없다. 짐작컨대 그녀가 가진 엄청난 권력과 미모 때문이라고 추측해 볼 수 있다.

목숨을 내걸고 수수께끼 문제 시험장에 참여하겠다는 왕자의 모습이 처음에는 다소 의아해 보이기도 한다. 그러나 칼라프 왕자가 모든 문제를 다 맞힌 후에도 투란도트 공주에게 자신의 목숨을 공주 손에 맡기겠다는 태도를 보이는 반전이 펼쳐지면서 얼마나 진심으로 왕자가 공주를 배려하는지 짐작해 볼 수 있다. 퀴즈를 내는 사람과 맞히는 사람의 역할이 서로 뒤바뀌면서 두 사람의 관계는 전혀 다른 새로운 국면을 맞게 된다. 더 나아가 왕자의 행복을 진심으로 바라는 여성 류의 희생으로 인해 왕자와 공주는 서로의 진심을 확인하는 계기를 갖게 된다.

1막에서 왕자는 투란도트와 결혼하기 위해 수수께끼 문제 시험에 도전하려고 한다. 멸망한 왕국에서 끝까지 의리를 지키는 착한 하녀 "류"는 과거 칼라프 왕자가 보여준 따뜻한 눈빛을 잊지 못해 그 마음을 기억하며 왕자가 다른 여성과 결혼하려고 하는 순간에도 끝까지 왕의 곁을 지키고 있다. 왕자는 아름다운 투란도트의 자태에 마음을 빼앗기고, 주변의 만류에도 불구하고 자신이 반드시 공주와 결혼할 것이라는 강한 결심을 하게 된다.

2막에서 칼라프 왕자에게 투란도트 공주는 퀴즈 세 문제를 낸다. 왕자가 세 문제를 풀어내자, 공주는 매우 당황해 하는 모습을 보이게 된다. 총 세 개의 문제를 맞혀야만 참수형을 면할 수 있는데, 다행히 왕자는 모든 문제의 정답을 맞힌 것이다.

첫 번째 문제는 "어둠 속을 날아다니는 무지개빛 유령은 무엇일까?"이다. 힌트는 새벽이 오면 유령은 사라지고 밤이 되면 다시 모든 이의 가슴에 다시 살아난다는 것, 대체 그것은 무엇일까?

두 번째 문제는 "심장이 멎으면 차가워지지만, 간절히 원하면 다시 활활 타오르는 것은?"이다. 힌트는 불꽃처럼 열렬한 기운을 닮은 것이다.

세 번째 문제는 "타오르는 불과 같고 때로는 열정을 얼게 하는 얼음과도 비슷한 것은?"이다. 힌트를 말하면, 이것을 보게 되면 노예가 될 수 있고, 노예가 된 후 왕이 될 수도 있는 점이다. 오페라를 감상하기 전에 먼저, 정답을 생각해 보기 바란다.

세 문제를 모두 맞혀서 마침내 왕자는 공주와 당당하게 결혼할 수 있는 위치가 되었다. 그러나 칼라프 왕자는 투란도트가 약속한 것처럼 문제를 푼 조건으로 공주와 결혼을 무조건적으로 강행한 것은 아니다. 푸치니의 오페라는 이 부분에서 엄청난 반전을 보여준다. 푸치니의 아이디어가 빛을 발하게 되는 순간이다.

바로 칼라프 왕자가 자신과 결혼하기 싫어하는 공주의 마음을 헤아려서 이번에는 다른 수수께끼를 자신이 내겠다고 새로운 제안을 하게 된 것이다. 공주가 약속 때문에 강제로 결혼을 해서 남자를 미워하며 부부로 행세하게 되는 것은 아무 의미가 없다는 것을 칼라프 왕자는 이미 알고 있었다.

이 대목에서 칼라프 왕자가 진심으로 투란도트를 배려하고, 사랑하고 있음을 짐작해 볼 수 있다. 왕자가 공주에게 낸 문제는 "나의 이름은 무엇일까요?"이다. 만약 공주가 다음날 아침까지 왕자의 진짜 이름을 맞춘다면, 투란도트 공주는 칼라프 왕자와 결혼할 필요가 없다. 그 유명한 아리아 "아무도 잠들지 마라*Nessun Dorma*"가 바로 여기에 등장하는 곡이기도 하다.

> 영국의 가난한 휴대전화 판매원이었던 폴포츠(Paul Potts)를 세계적인 스타로 만들어 준 곡이 바로 푸치니의 '아무도 잠들지 마라(Nessun Dorma)'가 나온 오페라가 『투란도트』다.
>
> - 2007년 TV 리얼리티 쇼 "브리튼 갓 탤런트" 中

3막에서는 왕자의 이름을 알아내기 위해 중국 대신들은 공주의 명을 받아 티무르 왕과 류를 고문하기 시작한다. 이 둘이 왕자와 관련이 있다는 정보를 얻게 되었기 때문이다. 왕자의 이름을 말하면, 풀어주겠다는 대신들의 요구에 류는 "왕자를 사랑하기 때문에 절대 이름을 말할 수 없다."고 말한다. 류는 심지어 자신이 고문을 당하다가 무의식적으로 자기도 모르게 사람들에게 왕자의 본명을 말하게 될까 두려워 스스로 목숨을 끊게 된다.

류의 죽음 뒤에 왕자는 공주와 무조건 결혼식을 강행하는 것이 아니라, 다시 투란도트의 감정을 먼저 배려하며 자신의 이름을 공주에게 스스로 먼저 밝히게 된다. 어쩌면 왕자도 류가 느꼈던 감정처럼 자신이 사랑하는 사람이 더 편안하고 행복하기를 바라는 마음으로 자신의 이름을 알려주고, 죽음을 스스로 선택했는지도 모른다. 투란도트 공주가 원하지 않는 강제 결혼을 하게 되는 상황이 괴로워 자신의 본명을 공주에게 털어놓은 것이다. 류의 자결로 무사히 투란도트와 결혼할 수 있게 되었지만, 여전히 왕자는 자신의 승리보다 투란도트의 행복을 더 우선시하는 성숙한 모습을 보여주었다.

결국 류와 칼라프 왕자 모두 사랑하는 사람을 위해 자신이 가진 모든 것을 내놓고, 목숨이 끊어지는 순간에도 자신의 감정에 최선을 다하며 사랑하는 사람이 행복하길 진심으로 기원하는 모습을 보여주었다. 이에 투란도트는 흔들리게 된다. 특히, 투란도트 공주는 류의 선택을 보고, 너무나 당혹스러웠다. 사랑을 위해 어떻게 그녀는 자신의 목숨을 희생할 수 있을까?

또 투란도트 공주는 칼라프 왕자의 자기희생적인 결단을 보고, 자신이 저질러왔던 불특정 남성들을 향한 폭력과 복수들을 뒤돌아보게 되었다. 자신의 죽음도 담담하게 받아들일 만큼 누군가를 사랑한다는 것, 그리고 칼라프 왕자가 용감하게 소중한 목숨을 자기의 손에 맡긴다는 것에 대해 진심으로 그가 자기 자신을 걱정하고 사랑하고 있다고 느끼기 시작했다. 우리는 살면서 이런 감동적인 사랑의 순간을 몇 번이나 느낀 적이 있는가?

왕자는 류의 희생으로 공주와 벌인 2차전 수수께끼에서도 승리하여 공주는 왕자의 본명을 알지 못하는 상황이 되었다. 그럼에도 불구하고 칼라프 왕자는 공주가 불편한 결혼생활을 하는 것을 원하지 않아 자신의 이름을 먼저 말해 주었다.

'이 사람의 마음을 어떻게 받아들여야 할까?' 이제 모든 결정은 투란도트 손에 달려 있다. 그 순간, 공주는 자신이 저지른 과거의 분노와 불신, 증오 감정을 반성하며 진실된 왕자의 마음에 깊은 감동을 받게 되었다. 자신의 광기와 오기로 인해 목숨을 잃은 불쌍한 여인 류에 대한 미안한 마음이 투란도트의 얼음장 같은 마음을 녹여 버린 것이다.

4. '왜 얼음공주는 사랑 대신 복수를 택했을까?'

오페라 투란도트 1막에서 공주가 가진 증오와 분노가 베이징을 다스리는 황제를 통해서 실제 사형으로 연결되고 있었다. 세 문제를 모두 풀지 못하는 젊은 청년들은 베이징 한복판에서 잔인한 참수형으로 생을 끝내게 되는데, 아빠인 황제가 이를 모두 승인하고 공주의 요구대로 계속 풀 수 없는 어려운 문제를 젊은 청년들에게 내고 있다.

마지막에 투란도트가 왕자와 결혼하지 않기 위해 칼라프의 본명을 캐내려고 할 때도, 황제는 딸의 기이한 가학 행태를 그만두게 하는 것이 아니라, 참수형을 진행하기 위해 "왕자의 이름을 알아냈는지"를 묻는다. 보호자로서 황제가 투란도트에게 과거 어떤 양육방식을 해 왔는지 짐작해 볼 수 있는 대목이다.

불신과 분노라는 부정적 감정 대신 어쩌면 처음으로 투란도트 공주는 "사람에 대한 사랑"의 힘을 류라는 여성과 칼라프라는 낯선 남성으로부터 배우게 되었는지도 모른다. 조금씩 자신에게 다가오는 왕자의 모습이 싫지 않지만, 여전히 두렵고 의심스럽다. '정말 진심으로 날 사랑하는 것일까?'라는 불안감이 있지만, 수수께끼를 담보로 강제로 결혼할 것을 요구하는 것이 아니라, 색다른 방향으로 자신의 의사를 존중해 주는 왕자를 보며, 사랑은 "나 자신의 감정이 아니라, 상대방을 먼저 헤아리고 기다려 주는 아름다운 것"이라는 것을 알게 된다.

무엇보다도 하녀 류의 희생을 통해 사랑은 이기적이고 폭력적인 분노 감정이 아니라, 자신을 낮추고 고통을 스스로 감내하는 것임을 알게 된다. 황제가 어린 시절 공주에게 보여준 관심과 보호는 사람과의 신뢰와 애착을 형성하는 데 충분한 도움을 주지 못했었다. 공주는 과거 자신과 여자 선조들의 비참한 농락 상황을 동일시하며 모든 남성들은 자신을 겁탈하고 잔인하게 죽일 것이라는 불신 속에서 왜곡된 남성 혐오증을 갖고 성장했는데, 처음으로 칼라프 왕자를 만나 진정한 사랑이 무엇인지 느끼게 된 것이다.

"왕자의 이름은 바로 사랑입니다."라고 말하는 투란도트의 태도에서 분명 공주가 과거의 얼음공주를 버리고, 성숙한 새로운 사람으로 변화되었음을 확인할 수 있다. 한 번 형성된 애착과 타인과의 유대가 성인이 된 후에도 특정 사건을 계기로 얼마든지 바뀔 수 있고, 인간은 성장과 새로운 경험을 통해 범죄자에서 정상적인 인간으로 교정, 변화될 수 있음을 보여주는 장면이다.

인생을 살아가면서 우리가 겪는 중요한 사건critical events들이 우리의 행동과 사고방식에 영향을 미치게 되고, 과거에 믿어왔던 의식이나 습관들이 중요한 사건 경험으로 인해 변화되는 일도 가능하다. 범죄를 저지르고 누군가는 형벌의 경험 없이 자연스럽게 범죄 패턴으로부터 멀어지기도 하고, 누군가는 처벌을 받고 난 이후에도 계속해서 반복적으로 범죄를 저지르기도 한다.

주관적으로 자신에게 일어난 일들과 자신이 만난 사람들을 어떻게 인식하고, 느끼느냐에 따라 해당 경험은 생애 경로에서 전혀 다른 전환점이 될 수 있다. 한 개인이 경험한 몇 가지 중요한 사건들이 범죄로부터 멀어지게 되는 결정적 요인이 되기도 한다. 투란도트 공주에게 칼라프 왕자와의 만남과 류의 자결이 아마도 자신의 복수 감정을 포기하게 만드는 가장 핵심적인 중요 사건이었을 것이다.

작곡가 푸치니가 개인적으로 겪은 불행한 가족사도 하나의 "중요한 사건"으로 작용했다. 평상시 푸치니는 부인과 화목한 가정 관계를 갖지 못했는데, 부인의 의심과 질투는 바람둥이 기질이 있던 무책임한 푸치니의 행동을 더욱 악화시키는 요인이 되었다. 류라는 캐릭터를 만들어 내는 데 결정적 영향을 미친 사건이 있었는데, 억울한 누명으로 생을 마감한 푸치니의 어린 하녀 "도리아 만프레디"의 죽음이다.

푸치니의 행실을 의심해 푸치니의 부인은 하녀 도리아를 끊임없이 괴롭히고 의심했는데, 이로 인해 도리아가 자살하는 비극적 사건이 발생했다. 이로 인해 푸치니의 마지막 유작으로 남은 투란도트에서 도리아를 닮은 류라는 하녀가 등장하게 된다. 언제나 진실한 사랑에 대한 갈망이 있었던 푸치니는 유작에서 도리아에 대한 미안한 마음을 표시하고 싶었던 듯하다.

푸치니가 사망 전 만든 이 투란도트에서는 원래 류가 자결을 택하는 장면까지만 볼 수 있다. 푸치니가 사망 전 만든 오페라 일부분은 오늘날의 완성본과는 다소 다르다고 볼 수 있다. 세상을 떠난 푸치니의 미완성 유작 투란도트에서는 류라는 여성의 자결 밖에는 볼 수 없었기에 비극적 엔딩만 있다고 하겠다.

그러나 이후 푸치니의 절친인 토스카니니의 감독 작품에서는 볼 수 없었던 "칼라프 왕자의 진실고백" 부분이 플랑코 알파노에 의해 추가되었다. 푸치니의 다른 많은 오페라들이 비극을 끝으로 하는 것과 달리, 투란도트가 왕자와 결혼하는 해피엔딩으로 끝나게 되는 것은 유작이 이후 다른 사람들에 의해 변형되었기 때문이다. 1926년에 초연된 이 작품이 오리엔탈적인 배경 스토리를 가진 이국적인 오페라로 소문이 나면서 당시 유럽에서 많은 인기를 끌기도 했다.

II. 범죄학 이론: 사회유대이론, 일반범죄이론, 발달이론

1. 사회유대이론(Social Bonding Theory): 투란도트의 복수

투란도트 공주는 선조 여성들이 남성들에게 당한 수모와 범죄 피해 이야기를 듣고 자랐다. 자신에게 사랑을 주고 믿음을 줘야 할 엄마와 할머니는 충분한 애착과 안정을 주기에는 매우 힘든 삶을 살았던 듯하다. 자신이 모든 남성들을 벌하겠다는 복수 계획을 어릴 때부터 세우게 된 투란도트 공주는 건강한 성인과 충분한 애착형성의 기회가 없었다.

범죄학자인 허쉬는 1960년대 **"사회유대이론**Social Bonding Theory**"**을 발표하며, 관습적인 규율과 법칙에 순응하는 사람들은 유대관계의 끈을 어린 시절에 잘 만들어 놓았기 때문이라는 주장을 했다Brown, Esbensen & Geis, 2013.

이 이론에 따르면, 투란도트는 부모나 보호자와 끈끈한 유대감을 형성하지 못해 법률 준수의 내면화 된 가치관을 제대로 형성하지 못한 것으로 볼 수 있다. 자신의 결혼거부 행동과 참수형 집행으로 베이징에 있는 많은 젊은이들이 목숨을 잃고 있는데, 공주 투란도트는 양심의 가책이나 후회를 별로 느끼지 않았다.

윤리적 코드와 도덕적 가치관을 인간 내면에서부터 올바르게 형성시키기 위해서는 어린 시절에 부모나 보호자와 안정적 유대관계를 형성하는 것이 중요하다. 허쉬는 이 사회적 유대 형성이 약하게 되었을 때, 자기중심적 욕구가 범죄행위로 연결된다고 보았다. 그렇다면 허쉬가 말하는 사회적 유대란 무엇인가? 허쉬가 말한 사회적 유대감은 다음의 네 가지 요소를 포함하고 있다.

사회적 유대를 설명하는 첫 번째 요인은 바로 **애착**attachment이다. 애착은 타인의 의견에 한 개인이 민감하게 해석하고 반응할 줄 아는 능력을 말한다. 유대감이라는 추상적 하위개념 내에서 어쩌면 이 애착 요인이 가장 중요한 요소일 수 있다. 애착은 인간의 도리와 양심을 의미하기도 하고, 타인에 대한 공감능력으로 볼 수도 있다. 누군가와 강하게 애착을 형성한 사람은 그 사람이 부재한 경우에도 애착을 형성한 상대방의 의견을 민감하게 받아들이고, 진심으로 상대방의 의견을 신경쓰게 된다.

따라서 애착을 형성하여 건강한 성인으로 성장한 사람은 사회적 규범에 강한 끈을 이루고 있어, 자기중심적 욕구나 범죄 생각을 내려놓을 수 있다. 흥미롭게도 2005년에 발표한 마이클 마우메Michael Maume와 동료들의 연구에서는 부부 간의 애착형성이 마리화나 약물 사용 중지에 긍정적 영향을 미치는 것으로 나타났다. 아동 시절이 아닌, 성인기의 애착 형성도 범죄 행위에 영향을 미칠 수 있다는 사실을 보여주었다.

두 번째 요인은 **헌신**commitment이라는 개념이다. 사회적 유대감은 다소 부정적인 자기중심적 인간관human nature을 바탕으로 하는데, 다른 한편으로는 합리적인 인간관을 배경으로 한 것이다. 헌신이라는 사회적 유대 요소에는 '내가 범죄나 비행을 했을 때 잃게 될 것들에 대한 계산 과정'이 포함되어 있다Brown, Esbensen & Geis, 2013. 상식적으로 판단했을 때, 내가 소중하게 생각하는 사람들이 범죄발생 후 나에게 보일 반응들에 대한 기대와 행동 상의 변화에 대한 판단을 계산할 수 있다. 헌신이라는 개념은 관습적인 행동규칙과 사람들의 기대에 따라야만 관계 속에서 지금까지 쌓아 온 사람들과의 신뢰와 기대를 잃지 않게 된다는 의식적, 무의식적 판단을 말한다. 범죄를 저지르려고 하는 생각이 들다가도, '내가 이런 절도와 횡령을 한다면, 나중에 나의 부모님과 친구들은 날 어떻게 바라볼까?'라는 생각이 들면, 범죄를 포기하게 된다는 것이다. 사랑하는 사람에게 버림받을 수 있다는 불안감, 그리고 직장이나 사회에서 평상시에 쌓아올린 평판을 잃게 된다는 두려움 등이 모두 헌신과 관련된 개인의 주관적인 감정이다. 허쉬는 이러한 헌신이라는 요소로 사회적 유대감을 측정할 수 있다고 보았다.

세 번째 유대감 요소는 **참여**involvement이다. 사회적 유대감은 합법적이고 관습적인 행동에 실제 참여하여 인생의 많은 시간을 거기에 할애하는 것으로 어느 정도 유지된다고 본다. 즉, 사회에서 요구하는 관습적인 활동에 참여하여 바쁘게 지내는 것 자체가 허쉬가 말한 사회적 유대감 형성 및 유지 활동이라고 볼 수 있다.

아무리 범죄를 저지르고 싶은 사람이라도, 실제 24시간 합법적인 사회생활만 하고, 관습적인 종교, 교육, 사회, 경제, 문화 활동에만 몰두한다면, 그 바쁜 삶의 방식으로 인해 비행이나 범죄를 저지를 시간적 여유가 없을 것이다. 이에 허쉬는 참여라는 요소가 사회적 유대감 형성을 구성하는 주요 요소 중의 하나라고 보았다.

네 번째는 **신념**belief이라는 요소이다. 허쉬의 사회유대이론은 이기적인 행동이 통제되는 원인이 "유대"에 있다고 본다Brown, Esbensen & Geis, 2013. 그 유대감은 한 사람이 믿고 있는 특정 가치관의 정도 및 크기와 연관되어 있다. 사람의 목숨을 귀하게 여길 것, 혹은 남의 물건을 훔치지 말 것이라는 관습적인 사회규범이 모든 사람들에게 자연스럽게 전달된 것 같지만, 실은 그 가치에 대한 신념 정도가 사람마다 상이하다. 강도 높게 인간의 생명에 대한 존엄을 최상의 가치로 믿고 있는 사람도 있고, 어느 정도 상식적인 수준에서만 해당 가치를 믿고 있는 사람도 있다. 신호등을 준수할 것이나 남의 물건을 훔치지 말 것 역시 절대적인 가치로 강하게 믿고 있는 사람이 있는 반면, 적당한 수준에서만 피상적으로 믿고 있는 사람도 있다.

이런 맥락에서 허쉬는 신념이라는 요인이 사회적 유대감을 형성하는 하나의 중요한 요소가 된다고 보았다. 법률 준수 가치관에 대해서 상대적으로 강한 신뢰를 가진 사람은 높은 수준의 사회적 유대감과 관습적 끈을 유지하고 있어서 범죄를 저지를 가능성이 낮다고 하겠다.

'왜 특정인들은 범죄를 저지르지 않는가?'라는 질문 앞에서 허쉬는 1960년대 사회적 유대감이라는 개념을 활용했다. 그리고 유대감이 강하게 형성되지 못했을 때 범죄나 비행이 일어난다고 보았다. 이에 따르면, 오페라 투란도트 속의 공주는 자신이 사랑하는 부모나 주변 사람과 안정적인 애착을 형성하지 못한 채 성장했을 가능성이 크다. 공주가 지켜야 할 피상적인 예의만 엄격하게 따를 뿐 타인의 기대와 감정에 대한 민감도는 제대로 발전시키지 못한 것이다(애착).

그리고 자신이 태어나면서 얻게 된 공주라는 사회적 신분으로 인해 잘못된 행동으로 인해 잃게 될 관계적 손해에 대해서도 크게 신경쓰지 않으며 살아왔다(헌신). 신에 가까운 최상류층의 왕족으로 살아가면서 바쁘게 관습적인 행동에 얽매이지 않아도 되는 윤택한 삶을 누려 왔던 신분이기에 범죄나 비행행동을 생각해 볼 수 있는 충분한 시간적, 경제적, 정치적 여유를 가졌다고 볼 수 있다(참여). 어쩌면 투란도트 공주는 낮은 계층 사람들의 고통과, 일반인들의 존엄에 대한 상식적 수준의 가치관을 피상적으로만 생각했을 뿐, 진심으로 생명의 소중함을 느끼지 못했을 수 있다(신념).

아쉽게도 범죄학 내에서 허쉬의 사회유대이론은 몇 가지 한계점이 있는 것으로 나타났다. 미국 캘리포니아에서 1969년에 3,605명의 청소년을 대상으로 한 실증적 연구 결과에서, 허쉬의 이론은 성인에게 적용하는데 한계가 있고 여자 비행청소년은 제대로 설명할 수 없다는 비판을 받았다. 그리고 유대감의 개인적 차이를 실증적으로 설명할 수 없다는 비판도 받았다Brown, Esbensen & Geis, 2013.

무엇보다도 인과관계 차원에서 "낮은 사회유대감 → 범죄행위"라는 도식이 실제 현실에서는 정반대라는 문제에 봉착하게 된다는 비판을 받았다. 다시 말해 사회적 유대감이 약해져서 범죄행위가 일어나는 것이 아니라, 범죄행위로 인해 가족과 보호자, 혹은 중요한 타자들과 기존에 맺었던 유대관계가 약해졌다는 원인 - 결과상의 오류가 이론의 단점으로 대두되었다.

1991년 에그뉴는 종단연구를 통해 낮은 유대감이 범죄행위를 유발한다는 허위 이론의 인과관계는 기대보다 약하게 나타난다고 보고, 허쉬의 사회유대이론이 가진 공헌이나 의미를 다시 검토해 봐야 한다는 비판적 의견을 제시하기도 했다.

2. 일반범죄이론: 투란도트의 자기통제력 수준은 어떠했을까?

1990년에 허쉬Travis Hirschi는 마이클 갓프레드슨Michael Gottfreson과 함께 새로운 범죄학 이론을 발표했다. 기존에 허쉬는 사람들이 사회적 유대감이 약해졌을 때 자기중심적인 본능을 억누르지 못하고 범죄를 저지른다는 이론을 발표했는데, 유대감이라는 개념과는 사뭇 다른 "자기통제력self-control"이라는 개념을 범죄원인으로 제시한 것이다.

오페라 "돈 지오바니"에서 이 이론을 이미 간략히 검토한 바 있다. 오페라 "투란도트" 속에서 다시 한번 자기통제이론을 살펴보도록 한다.

일반범죄이론의 핵심은 결국 일정한 범죄유발 환경에 나타나면, 자기통제력이 낮은 사람의 경우 즉흥적인 욕구 충족을 위해 범죄를 저지르게 된다는 것이다Brown, Esbensen, & Geis 2013. 갓프레드슨과 허쉬의 일반범죄이론General Theory of Crime을 투란도트 공주에게 적용하면, 남성들에 대한 분노와 보복 감정이 행동으로 표출된 것은 투란도트가 가진 낮은 자기통제력 때문이라고 하겠다.

이 이론에서는 낮은 통제력이 만들어진 이유는 어린 시절에 부모나 보호자가 해당 아동의 문제 행동을 관찰하여 훈육하고 통제하기 않았기 때문이다. 9세 전후를 기점으로 해서 보호자가 잘못된 행동이 무엇인지 처벌과 훈육을 통해 제대로 가르쳐야 평생 올바른 자기통제력을 가지고 살아갈 수 있다. 갓프레드슨과 허쉬가 자기통제이론에 "일반"이라는 이유를 붙인 이유는 이러한 설명이 모든 범죄행동에 광범위하게 적용될 수 있고, 해당 기질이 8~9세 전후에 만들어지고 한 번 만들어지면 평생 지속될 가능성이 높기 때문이다.

오페라 투란도트에서 공주가 어린 시절에 어떤 아이었는지는 정확히 알 수 없다. 단지, 오페라 속에서 유추해 볼 수 있는 것은 자신의 결혼을 회피하기 위해 반복적으로 수수께끼 시험에서 떨어진 남성들을 참수형에 처하고, 왕자 칼라프가 세 문제를 모두 맞춘 후에도 자신은 약속을 지키지 않으려고 했다는 점이다.

공주는 즉흥적으로 자신의 분노 감정을 표출하고, 약속을 지키지 않기 위해 다시 왕자가 제시한 "이름 맞추기" 게임에 동의하여 끝까지 자신에게 유리한 쪽으로 상황을 몰고 간다. 물론 마지막 장면에서는 칼라프 왕자를 죽음으로 내몰지 않고, "그의 이름은 사랑입니다."라고 말하며 변화된 모습을 보이기도 한다. 그렇다면 갓프레드슨과 허쉬의 일반범죄이론은 투란도트의 기이한 범죄 행동을 설명하는 데 충분하지 않은 것일까?

어린 시절에 보호자가 자녀를 제대로 훈육하지 못하면, 자녀는 성인이 된 후 자신의 본능적인 욕구를 지연시킬 수 없는 사람으로 성장하게 된다. 바로 낮은 자기통제력이 범죄의 원인으로 작동하여 평생 한 사람이 잘못된 선택을 하게 만들 위험이 증가하게 된다. 일반범죄이론에서 말하는 자기통제력이라는 개념은 부모가 자녀에게 해당 개념을 가르쳐서 주입되는 가치관은 아니다Brown, Esbensen & Geis, 2013.

즉, 교육을 통해 직접적으로 자녀에게 통제력이라는 것을 가르칠 수 있는 것이 아니다. 생물학적인 특징으로 자손에게 자동으로 전달되는 것도 아니다. 이런 맥락에서 보면, 어린 시절의 훈육 부재와 통제 부적절로 투란도트 공주는 어릴 때부터 비교적 낮은 자기통제력을 갖게 되었고, 그로 인해 범죄행동을 저질렀다고 볼 수 있다. 왕자에 대한 변화된 행동은 일관된 자기통제력 수준하에서 어떤 변화로 인해 발생한 것일까?

아동이 9세 전후까지 잘못된 행동을 했을 때 제대로 보호자가 훈육하지 않게 되면, 자신의 욕구를 지연시키는 능력을 올바르게 만들어 낼 수 없다. 합리적인 인간관을 바탕으로 하면서도 갓프레드슨과 허쉬는 성인기에 모든 사람들이 동일한 수준으로 억제되는 것은 아니라고 봤다. 그리고 그 이유를 개인 가진 각자의 자기통제력 수준에서 찾았다.

자기통제력이 상대적으로 낮은 사람이 범죄 유발적 기회에 직면했을 때, 나름의 합리성으로 판단해 범죄행동을 저지른다고 본 것이다. 중요한 것은 범죄유발 상황을 경험했을 때 낮은 자기통제력이 범죄행위를 결정한다는 점이다Brown, Esbensen & Geis, 2013. 이런 맥락에서 이 이론은 고전주의적 범죄학과 실증주의적 범죄학을 어느 정도 통합한 이론이라고 볼 수 있다.

일찍이 갓프레드슨과 허쉬는 범죄유발 환경이 무조건 범죄행위를 이끌어 낸다는 실증주의적 관점을 다소 경계하는 태도를 취했다Brown, Esbensen & Geis, 2013. 일반 범죄이론 입장에서는 낮은 자기통제력이라는 추상적 개념을 활용하면서 한 인간이 가진 고유한 기질이 즉흥적인 욕구 충족적 행동으로 연결되기 위해서는 범죄를 촉발시키는 적절한 외부 환경이 제공되어야 한다고 보았다.

오페라 투란도트에서 류의 희생과 칼라프 왕자의 사랑이 투란도트의 이기적인 공격 본능을 감소시키는 억제환경으로 작동했다. 문제를 모두 맞힌 왕자에 대한 이야기가 세상에 알려졌고, 자신이 공식적으로는 칼라프 왕자의 본명을 찾아내지 못했다는 것을 인정할 수밖에 없는 상황이 되었다. 분명 투란도트 공주는 왕자가 보여준 깊은 사랑에 감동을 받았을 것이다. 어쩌면 자신이 이름 맞추기 게임에서 졌다는 사실로 인해 젊은 남자들을 억울하게 죽이는 참수형이 더 이상 쾌감이나 즐거움을 주는 일이 아닌 것으로 다가왔을 수도 있다.

자기통제력이 낮은 사람은 특정 행동을 취할 때 보통 충동적이고, 단순하게, 짜릿한 흥분감이 느껴지는 방향으로 선택하려는 특징이 있다. 또한, 통제력이 낮은 사람들은 물리적으로 직접 자신이 몸을 움직여서 변화를 확인할 수 있고, 자신만의 욕구를 기준으로 자신에게 이익이 되고, 자신의 욱하는 성격을 직접 표출할 수 있는 방식으로 의사 결정을 하려는 경향이 있다.

그래스믹과 동료들은 1993년에 일반범죄이론의 낮은 자기통제력을 측정하기 위해 여섯 가지 요소를 활용해 구조화된 도구를 개발했다. 구체적으로 말하면, 자기통제력 측정 도구 속에 충동성Impulsiveness, 단순 추구성Simple Tasks, 위험감수성Risk Seeking, 신체 선호성Physicality, 자기중심성Self-Centeredness, 분노 표출성Temper의 하위 요소 개념이 포함되어 있다고 볼 수 있다Brown, Esbensen, & Geis, 2013.

3. 발달이론: 투란도트는 정말 변한 것일까?

오페라 투란도트에서는 등장인물들의 성장, 변화 과정을 통해 인간이 변화될 수 있다는 교정 가능성을 보았다. 극악무도한 참수형을 즐기던 얼음공주 투란도트가 류라는 여성과 칼라프라는 왕자를 만나 과거의 범죄행동 패턴을 스스로 포기했다.

갓프레드슨과 허쉬는 8~9세 전후에 자기통제력이 만들어지고, 형성된 자기통제력은 평생 계속 진행된다고 보았다. 일부에서는 환경의 변화와 인간의 성장으로 인해 과거 어린 시절에 만들어진 자기통제력 수준이 변화되기도 한다는 반론을 제기하기도 했다Brown, Esbensen, & Geis, 2013. 즉, 일반범죄이론이 "환경"이라는 범죄 기회의 의미를 축소키고, 사람이 변화될 수 있다는 가능성을 차단했다는 비판을 받았다고 볼 수 있다.

한편, 자기통제력이 낮다는 것 자체가 사전적으로는 이미 특정인이 "비행이나 범죄"와 관련된 문제점을 갖고 있음을 가정한 것으로써 이는 일반범죄이론이 가진 동어반복의 오류tautological fallacy 문제를 보여준다는 추가적인 비판도 생겨났다.

1990년대에 들어, 범죄자의 행동 패턴이 변화될 수 있다는 새로운 범죄발달이론Developmental Theory과 생애경로 범죄학Life-Course Criminology이 범죄학 관련 학계에서 큰 주목을 받게 되었다. 인간의 생애 속에서 종단적으로 범죄행동의 흐름이 바뀔 수 있고, 해당 문제 행동이 재발되고 중단되는 원인을 연구할 필요가 있다는 새로운 시각이 관심을 받게 된 것이다.

단순히 범죄자를 앞에 놓고 횡단적인 시각에서 "왜 범죄를 저지르는가?"의 문제로 단순화시켜 문제 행동의 원인을 찾을 것이 아니라, "왜 일부는 범죄를 그만두고 착한 일반인으로 살아가는데, 왜 어떤 사람은 계속 범죄를 저지르며 경력범죄자 career criminals로 지내는가?"로 종단적 시각에서 범죄원인의 답을 찾아야 한다는 입장이 힘을 얻게 되었다.

오페라 투란도트에서는 "어린 시절에 형성된 투란도트 공주의 자기통제력"이 시간이 지남에 따라 변화될 가능성이 있다는 것을 보여준다. 한 개인이 성장함에 따라 특정 문제 행동이 나타나는 빈도와 과정, 형태가 어떻게 달라지는지를 연구하는 범죄자 인생 궤적 연구life trajectory studies가 오페라 투란도트에도 적용될 수 있다.

어린 시절 어머니와 할머니가 경험한 범죄 피해 사건들을 하나의 충격적인 일로 기억했던 투란도트가 어른이 되어 남성혐오증을 갖게 되었지만, 이후 왕자와 류를 통해 과거의 범죄 습관으로부터 멀어지게 되었다. 이 오페라는 일반범죄이론에서 주장한 한 개인의 고유한 기질이나 자기통제력 수준이 평생 지속된다는 주장을 반박하고 있다.

1993년에 샘슨Sampson과 라웁Laub은 어린 시절에 형성한 미약한 수준의 사회적 유대감이 비행행동의 원인이 된다고 보았다. 단, 성인기에 접어들어서는 사회적 유대감이 직장 동료나 학교 친구, 배우자 등과의 유대감에 따라 얼마든지 달라질 수 있다는 "연령 단계별 비공식적 사회통제이론age-graded informal social control theory"을 주장하기도 했다.

이 이론에 따르면, 오페라 투란도트가 보여주는 공주의 변화된 모습은 중요한 인생주요 사건critical events으로 인해 기존의 자기통제력 수준이 변화될 수 있다는 하나의 근거가 된다. 공주는 느슨한 수준의 사회적 유대감으로 인해 어린 시절부터 폭력적인 분노 행동 등을 보였다. 성인기에 접어들어 젊은 남자들을 죽게 만드는 죽음의 수수께끼 시험문제를 즐기다가 어느 정도 나이가 들어 결혼을 해야 할 시기에 짧지만 강력한 유대감을 알게 되면서, 칼라프 왕자에게 정서적 안정을 느끼게 되고 이로 인해 비공식적인 사회적 통제력을 갖게 되었다고 추측해 볼 수 있다.

언제 처음onset 투란도트 공주가 불특정 남성에 대한 복수 감정을 갖게 되었는지 정확히 알 수 없다. 그러나 발달이론을 근거로 투란도트가 몇 살 때부터 구체적으로 남성에 대한 분노를 느끼게 되었고, 폭력적이 생각과 행동이 심화escalation되었는지 살펴보는 것은 범죄예방 차원에서 큰 의미가 있다. 어떤 중요한 사건들 critical events로 인해 분노감정이 다른 행동으로 바뀌게 되었는지 검토해 볼 필요가 있다. 결국, 투란도트의 문제 행동이 어떻게 사라졌는지desistance를 연구하는 것이 발달이론과 생애경로 범죄학의 궁극적인 목적이라고 하겠다.

오페라 투란도트를 감상하면서, 어린 시절의 투란도트를 떠올려 보고, 왕자와 결혼한 이후의 모습을 과거와 현재, 미래 속에서 상상해 보기 바란다. 사회유대이론, 일반범죄이론 혹은 생애발달이론 등 다양한 범죄학 이론을 오페라 스토리에 접목함으로써 푸치니가 생각하지 못했던 새로운 줄거리를 만들어 볼 수 있을 것이다. 투란도트의 성격과 자아통제력 수준은 결혼 후에도 지속될 것인가? 오페라 투란도트는 영원히 해피엔딩으로 마무리될 수 있을까?

생각해 보기

1. 모든 범죄자들은 범죄를 저지르기 전에 나름의 합리적인 사고과정을 거친다고 생각하나요? 만약 그렇지 않다면 잠재적 이익과 비용을 계산하지 않는 범죄자들에게 어떤 교정 처우가 필요할까요?

2. 범죄자들의 합리적인 사고를 방해하는 요인은 무엇이라고 생각하나요?

3. 허쉬는 사회유대이론에서 주변의 주요한 사람들과의 애착이 범죄를 통제하는 기제로 작용한다고 주장하였습니다. 애착 형성을 위한 정책적 노력에는 어떤 것들이 있는지 생각해 봅시다.

4. 투란도트는 겉으로 보기에는 부족한 것이 없는 공주로 보이나, 어릴 적부터 그녀의 주변에 있는 사람들과의 사회적 유대를 제대로 맺지 못했습니다. 오늘날 우리 사회에서 투란도트와 같은 상황에 처한 사람들이 어떤 성격적 특징을 보이는지 이야기해 봅시다. 이들이 성장하면서 주변 사람들과 끈끈한 사회적 유대를 맺기 위해서는 어떤 전략이 필요한지 생각해 봅시다.

5. 투란도트 공주는 계급사회에서 최상위 계층에 해당합니다. 화이트칼라범죄는 일반범죄와 다르게 피해자가 특정되지 않는 경우가 많고, 피해자가 스스로 자신이 피해를 당한지도 모르는 경우가 많습니다. 범죄행위와 가해자는 특정되었으나, 피해자가 특정되지 않는 범죄 상황이란 어떤 것들을 말하는지 생각해 봅시다. 추가로 해당 범죄를 예방하기 위한 방안으로 어떤 것이 있는지 생각해 봅시다.

오페라 이해하기

1. 오페라 투란도트는 푸치니가 마지막 3막을 완성하지 못하고 세상을 뜬 미완성 작품입니다. 여러분이 만약 푸치니였다면, 3막의 엔딩을 어떻게 마무리했을까요? 참고로 푸치니의 많은 작품들은 비극적인 결말을 갖고 있습니다.

2. 오페라 투란도트에서 보여주는 선문선답 식의 수수께끼가 등장합니다. 어떤 내용이 가장 인상적인가요?

3. 왜 칼라프 왕자는 얼음공주 투란도트를 좋아하게 되었을까요? 그녀의 마음을 얻기 위해 왕자가 퀴즈 정답을 맞추는 행동 이외에 어떤 행동을 했나요? 그 이유는 무엇일까요?

4. 오페라 투란도트에는 얼음공주 투란도트와 전혀 반대되는 여성 캐릭터가 등장합니다. 류와 같은 인물을 보고, 여러분은 어떤 생각이 드나요? 류의 행동을 오늘날 우리는 어떻게 평가할 수 있을까요?

5. 투란도트 공주는 류의 어떤 모습을 보고, 새로운 사람이 되었을까요?

● 아… 그렇구나!

〈투란도트〉에는 중국 전설 신화가 많이 등장하고, 음악 멜로디 역시 동양적인 분위기가 물씬 풍깁니다. 푸치니는 1920년 당시 런던 여행 때 알게 된 중국 음악들을 작품에 많이 참고했습니다. 푸치니는 이 작품에서 중국 멜로디를 일곱 번이나 사용했고, 중국제 뮤직박스(오르골)로 '황제찬가'를 반복해서 들었다고 합니다. 자신이 들은 황제찬가 멜로디를 작품에 반영하려고 한 것입니다. 5음계 및 공(Gong), 탐탐, 종, 실로폰 등의 악기를 이용해 최대한 투란도트 속에서 중국적 동양 분위기를 살려내려고 했습니다.

● 오페라 이야기

〈투란도트〉 소재를 처음 작품화한 사람은 푸치니가 아닙니다. 오래전 18세기 이탈리아를 대표하는 극작가 카를로 고치가 투란도트의 원 줄거리를 만들었습니다. 카를로 고치는 이탈리아의 전통 희극 코미디로 투란도트를 만들었고, 그 작품 속에서 고약한 성격의 투란도트 공주와 무례한 왕자 캐릭터를 만들어 냈습니다. 지금의 투란도트와는 다른 "막상막하"의 엽기 커플이 등장했던 것입니다. 나중에 세월이 흘러 독일 극작가 프리드리히 쉴러가 1801년에 이탈리아 작가가 만든 투란도트를 완전히 새롭게 재창조해 냈습니다. 괴짜 공주의 사랑을 얻어내는 진정한 러브 스토리 이야기가 투란도트로 변신한 것입니다. 쉴러 작품의 이탈리아어 번역판을 읽고, 푸치니가 음악을 만들어 작품을 각색했다고 할 수 있습니다.[18]

---

18 https://terms.naver.com/entry.naver?docId=3568717&cid=59000&categoryId=59000 네이버 지식백과 사전 中 최종확인 2021년 1월.

리골레토:
셉티드(CPTED),
일상활동이론,
취약성가설

여자의 마음은 변덕스러워~
바람에 날리는 갈대와 같이 말과 행동을 바꾸네!

리골레토: 셉티드(CPTED), 일상활동이론, 취약성가설

여자의 마음은 변덕스러워~ 바람에 날리는 갈대와 같이 말과 행동을 바꾸네!

왜 나에게 이런 끔찍한 일이 일어난 것일까?
정말로 나에게 저주가 내린 것이면 어떻게 해야 하나?
- 오페라 리골레토 대사 中

I. 잔인한 사랑, 저주받은 아버지와 딸의 비극

1. 곱추 광대 리골레토의 부성을 말한다.

남녀 간의 이별, 배신, 애증보다 더 가슴 아픈 것은 자식으로서 너무 뒤늦게 깨달은 부모님의 사랑과, 보호자로서 자식을 먼저 보내는 부모님의 피 끓는 절절한 아픔일 것이다. 특히, 아낌없는 사랑을 보여주며 자녀가 행복한 삶을 살기만을 바라는 부모님의 사랑은 우리 모두를 한없이 작게 만들고, 온순하게 만드는 마법 같은 힘을 가지고 있다.

살아가면서 우리 모두 해서는 안 될 실수로 부모님께 심려를 끼쳐 드린 적이 있을 것이다. 아무리 성공한 자식이라도 때로는 부모님 앞에서 때늦은 후회를 하는 어리석은 존재가 된다고 볼 수 있다. 그럼에도 불구하고 잘못된 선택을 하여 엄청난 고통을 받게 되었을 때 가장 먼저 찾게 되는 사람이 바로 우리의 부모님이다.

그렇다면 평상시 부모님과 갈등이 있을 때 우리는 어떤 자세를 보여야 할까? 만약 나의 선택을 부모님이 인정하지 않으신다면 어떻게 해야 할까? 세월이 지나 부모님의 생각이 모두 옳았다는 사실을 알게 된다면, 나는 부모님 앞에서 어떻게 해야 하는가? 리골레토는 감금, 납치, 강간, 청부살인과 같은 흉악한 범죄가 가득한 비극적 오페라이지만, 결국에는 자녀로서 부모님과의 관계를 어떻게 유지해야 하는가를 고민하게 만드는 의미 있는 가족 오페라이기도 하다.

2. 범죄학이 말을 건다: 범죄자의 양면성

나쁜 일이 생길 때 우리는 타인을 탓하게 되는 경향이 있다. 자신이 스스로 결정한 일인 데도 불구하고 그 원인이 자신의 실수가 아니라 주변 상황 때문에 일어났다고 보는 것이다. **만토바 공작**의 꾐에 빠져 공작이 정말 자신을 사랑한다고 믿어버린 질다의 경솔함도 문제지만, **리골레토**의 직업이나 공작의 태도, 주변 환경이 질다를 "매력적인 범죄 피해자attractive victims"로 몰고 가는 원인이라고 볼 수 있다. 즉, 오페라 리골레토에서는 딸 **질다**가 당한 억울한 감금이나 성폭력 피해를 질다 주변 요인에 초점을 두어 다양한 범죄학 이론을 활용해 설명할 수 있다.

질다는 홀아버지에게 키워져 집에서 혼자 보내는 시간이 많았고, 광대 일을 하는 아버지 리골레토는 공작과 함께 여자들을 괴롭히는 나쁜 일을 하며 공작으로부터 돈을 받아 살았다. 공작을 위해 일하는 일꾼이기에 공작에게 맞설 수 없는 상황이었고, 질다를 자신이 살고 있는 위험한 세상에 내보내고 싶지 않았기에 리골레토는 가장 보수적인 방식으로 딸을 키울 수밖에 없었다. 그러나 공작의 눈에는 리골레토의 딸이 가장 접근하기 쉬운 피해자 중의 한 명이었다.

결국 질다가 공작에게는 '가장 매력적인 피해자'로 보였던 것이다. 1막에서 리골레토는 만토바 공작과 어울리며 나쁜 행동을 일삼는 범죄자 악당으로 묘사된다. 그러나 2막 이후부터 딸 질다를 누구보다 사랑하는 "딸바보" 아빠의 부성을 온 몸으로 보여준다. 피해자인 딸을 위해 청부살인업자를 통한 무모한 복수를 준비하는 곱추 광대 리골레토를 보면, **"가해자 - 피해자 중첩overlapping"** 문제도 떠오르게 된다.

가해자 - 피해자 중첩이란 피해자가 되는 경험과 범죄를 저지르는 양쪽 경험이 서로 강하게 연결되어 있고, 때로는 동시에 발생할 수 있다는 설명 방식을 의미한다. 한 개인이 완전히 피해자 혹은 가해자 역할에 한정되어 지속적으로 하나의 입장만 경험하는 것이 아니라, 살아가면서 가해자에서 피해자가 되기도 하고, 반대로 피해자에서 가해자가 되기도 하여, 한 개인 속에서 두 가지 역할이 동시에 중첩해서 일어난다는 뜻이다.

가해자 - 피해자 중첩 현상이 존재한다는 입장에서는 특정 집단에서 일관되게 중첩 현상이 더 많이 일어난다고 보고, 이에 대한 범죄학계의 연구가 추가로 더 많이 필요하다고 본다Gonzalez, 2014.

피해자 딸 질다와 관련하여 피해자학에서 중요하게 다루는 피해자의 일상활동과 피해 가능성과의 관계를 생각해 볼 수 있다. 펠슨과 보바Felson & Boba, 2010에 따르면, **일상활동이론**Routine Activity Theory을 통해 범죄발생을 설명할 수 있는데, 범죄는 가해자뿐만 아니라 피해자 주변의 여러 가지 요건을 고려하여 가장 합리적인 상황 조합이 이루어졌을 때 발생하는 것으로 가정할 수 있다. 앞에서 이미 일상활동이론에 대해 살펴본 바 있다. 바로 오페라 "헨젤과 그레텔"에서 코헨과 펠슨Cohen & Felson이 주장했던 1979년의 **일상활동이론**Routine Activity Theory이다.

일상활동이론에서 말하는 세 요인을 복습해 보면 다음과 같다. 범죄라는 것은 세 가지 요소가 충족되었을 때 발생하게 되는데, 바로 첫 번째 요소는 동기화된 범죄자(A motivated offender: 여자를 간음하고자 하는 사악한 공작)이고, 둘째는 취약해 보이는 적절한 피해 대상(A suitable target: 혼자 집에 갇혀 지내는 순진한 질다), 셋째는 감시자의 부재(The absence of a capable guardian: 리골레토가 장애인 광대로 일하며 딸을 제대로 돌볼 수 없는 상황)라고 하겠다. 범죄자나 범죄행동에 초점을 두었던 범죄학이 피해자나 피해발생 주변 환경의 특성에도 관심을 기울이게 되었기에 일상활동이론이 가진 범죄학적 의의가 크다고 하겠다.[19]

3. 눈에는 눈, 이에는 이! 피로 딸의 복수를 보여주겠다.

대부분의 자녀들은 부모님의 따뜻한 마음과 기대, 사랑을 알기에 언젠가는 성인으로 성장하여 멋진 모습으로 부모님을 기쁘게 해 드리겠다는 다짐을 하곤 한다. 하지만 아무리 노력해도 뜻한 대로 계획이 이루어지지 않을 수 있고, 이로 인해 부

---

19 Felson, M., & Boba, R. L. (Eds.). (2010). *Crime and everyday life*. Sage.

모님을 실망시키게 되어 서로 의견 충돌이 깊어지는 경우가 발생하기도 한다.

리골레토는 범죄학Criminology과 피해자학Victimology 차원에서 우리에게 많은 것을 이야기해 주는 흥미로운 작품이다. 주인공 리골레토는 꼽추광대이다. 주로 공작에게 광대놀이를 해 주며 혼자 어렵게 딸을 애지중지 키워 가는데, 딸 질다가 공작의 거짓된 사랑에 빠져 납치, 감금, 성폭행을 당하게 되는 비극적 상황이 발생한다.

자신의 목숨보다 더 소중한 딸이 고통의 눈물을 흘리자, 리골레토는 피해자의 아버지로서 딸을 위하여 살인청부라는 복수를 계획하게 된다. 그러나 공작을 향한 복수 계획이 결국 자신의 딸을 죽음에 이르게 하는 어처구니없는 비극적 결말로 끝나게 된다.

공작의 범죄행동을 범죄학에서는 어떻게 바라봐야 하는가? 도대체 왜 공작은 많은 여성 중 리골레토의 외동딸을 강간, 납치의 대상으로 선택했을까? 딸의 복수를 위한 리골레토의 행동은 정의Justice라는 이유로 용인될 수 있는 것인가? 리골레토 역시 비난받아야 할 유책한 범죄 피해자Culpable criminal victims는 아닌가? 리골레토의 딸처럼 쉽게 범죄 피해를 당하는 '취약한 범죄 피해자'Vulnerable victims란 어떤 사람들인가?

리골레토는 400여 년 전 "만토바"라는 사악한 공작 밑에서 일하는 꼽추 리골레토의 가슴 아픈 이야기를 바탕으로 하고 있다. 본인은 흉측한 외모를 가지고 살아가는 꼽추이지만, 아름다운 딸 질다를 보물처럼 지키며 힘겹게 하루하루를 살아간다.

리골레토는 공작에게 버림받는 여성들을 보며, 내 딸만큼은 절대 저런 피해자가 되지 않게 하겠다고 굳게 다짐한다. 그러나 모든 여성의 사랑을 헌신짝처럼 버리는 만토바 공작의 속임수에 빠져 그만 리골레토의 소중한 딸 질다 역시 공작의 집에 노예처럼 갇혀 있는 신세가 되고 만다.

우리는 살아가면서 부모님의 기대에 반하는 선택을 한 후에 자신이 이룬 멋진 성공을 부모님께 보여주는 사례도 있지만, 정보 부족 등으로 사기를 당해 잘못된 결과를 부모님께 어쩔 수 없이 보이기도 한다. 리골레토가 비극적이고 슬픈 이유는 바로 자식의 실패와 고통 앞에서 부모도 자식을 구하기 위해 극한의 고통을 함께 경험하게 된다는 데 있다. 공작의 광대 역할을 하는 힘 없는 꼽추 리골레토가 딸의 복수를 위해 할 수 있는 건 정면대결이 아닌, 청부살인업자를 고용하는 것밖에 없었다. 자기 자신을 대신해서 공작을 살해하는 계획을 청부업자에게 교사한 것이다.

그러나 살인을 교사 받은 범죄자 역시 리골레토에게 사례금만 받았을 뿐, 사실은 공작과 같은 한 통속이었다. 악마는 악마끼리 통하는 걸까? 순진하고 억울한 마음에 자기를 대신해서 복수를 해 줄 사람을 찾아갔는데 그 살인마는 복수 대상인 공작과 같은 편이었고, 오히려 리골레토는 그 사람의 꾐에 당하게 된다. 그로 인해 자신이 사랑하는 딸 질다가 공작 대신 억울하게 죽음을 당하게 된다.

리골레토가 자신이 꾸민 공작 살해계획이 성공했다고 믿고, 시체를 배에 태워 떠나보내려는 순간 귀에 익은 노래 목소리가 들려온다. 바로 만토바 공작이 자신의 여성편력을 여성들 탓으로 돌린다는 가사를 가진 "여자의 마음" 아리아가 들리는 것이다. 자신의 귀를 의심하는 순간 리골레토는 무언인가 크게 잘못되었다는 것을 직감하게 된다. 바로 죽었다고 믿었던 공작의 노래 소리가 멀리서 다시 들렸기 때문에 자신의 계획이 완전히 실패했음을 직감하게 된 것이다. 결국 그 배 안에 있던 시체는 공작이 아니라 자신의 딸 질다라는 것이 밝혀지고, 리골레토는 절규의 눈물을 흘리게 된다.

II. 범죄학 이론: 셉티드(CPTED), 일상활동이론, 취약성가설

1. 환경설계를 통한 범죄예방(CPTED)

범죄 기회를 차단하기 위한 새로운 대책들이 범죄학 내에서 다양하게 제시되고 있는데, 가장 대표적인 것으로써 제프리Jeffrey가 강조한 환경 설계를 통한 범죄예방Crime Prevention Through Environmental Design: CPTED을 들 수 있다.[20]

이것은 쉽게 말해 주변의 다양한 환경 요인들을 사전에 세부적으로 통제하여 범죄를 의도적으로 감소 혹은 증가시킬 수 있다는 것을 말한다Jeffrey, 1978. 일상활동이론에서 말하는 적절한 피해 대상이나 보호능력 부재문제를 해소하기 위해 주변 건물의 배치나 창문, 불빛 색깔, CCTV, 출입구 통제방법 등의 물리적인 요소를 통제하여 가시성Visibility을 극대화시킬 수 있다.

만약 리골레토가 딸이 공작에게 납치되기 전, 이러한 범죄예방 전략을 집 주위에 사용했다면 결과는 어떠했을까? 리골레토가 할 수 있는 적절한 다른 대안으로 당시 상황에서 어떤 것이 가능했을까? 집 주변의 환경을 바꿈과 동시에, 보호자로서 리골레토가 항상 딸의 곁에 있어 주었다면, 비극적 스토리는 해피엔딩으로 바뀌지 않았을까?

2. 일상활동이론(Routine Activity Theory)

앞서 이야기한 바와 같이 리골레토의 이야기는 범죄 피해자 특성과 피해자 주변의 외부 상황 요인을 많이 생각하게 만드는 작품이다. 기존의 많은 이론들이 "범죄자" 개인에 초점을 맞춰 '왜 특정인은 범죄를 저지르는가'에 관심을 가졌다면, 코헨과 펠슨Cohen and Felson, 1979의 일상활동이론Routine activity theory은 동기화된 범죄

---

20 C. Ray Jeffrey. (1978). *Crime prevention through environmental design.* Sage.

자 자체보다는 피해대상의 취약성이나 보호능력의 부재라는 외부 요인에 주안점을 두었다. 범죄발생 상황에서 의도를 가진 범죄자뿐만 아니라 피해자가 되는 특정인의 특징과 주변 상황적 요인이 더 중요하게 다루어져야 한다는 사실을 지적한 것이다.

어쩌면 리골레토가 딸 질다를 고립된 곳에 혼자 있게 한 것 역시 질다가 너무 쉽게 공작의 달콤한 말에 빠져들게 되는 원인이 되었는지도 모른다. 또래 친구도 없고, 나쁜 남자들이 어떻게 접근하는지조차 전혀 알지 못하는 상황에서 쉽게 공작의 꾐에 넘어가게 된 것은 어쩌면 너무 당연한 일이었는지 모른다.

리골레토의 딸이 가장 "적절한 대상"으로 보였던 것도 질다가 혼자 지내는 시간이 많고, 사람들로부터 고립되어 외롭게 생활했다는 사실과 관련되어 있다. 무엇보다도 보호능력의 부재lack of guidance가 가장 큰 범죄유발 요인일 수 있는데, 리골레토가 친부로서 직접 딸을 돌보지 못하고, 엄마가 없는 상황에서 노인 보모로 하여금 질다를 돌보게 했다는 점에서 충분히 잠재적 가해자의 피해자에 대한 접근가능성을 증가시켰고, 보호능력의 부재 상황을 악화시켰던 것으로 볼 수 있다.

피해자학 분야에서 일상활동이론은 과거 밤 시간이 아닌 낮 시간 대에 범죄가 증가하게 된 이유를 설명하는 데 매우 유용하게 사용되었다. 맞벌이 부부가 점차 증가하면서 낮에 집에 아무도 없는 일상이 빈번해지면서 일부 범죄자들에게 텅 빈 주택가가 "보호능력 부재" 상황으로 인식되기 시작했다. 또한, 고가의 TV나 스테레오, VCR 등이 집 안에 있다는 것을 잠재적 범죄자들이 알게 되면서 낮 시간대의 빈 집이 매력적인 범죄 대상으로 여겨지게 되었고, 이로 인해 이동수단을 갖춘 주거침입 절도범들이 증가하게 되었다.[21]

오페라 작품 속 질다가 속한 고립된 일상은 리골레토가 바란 안전한 철벽 속 보호지대가 아니라 오히려 질다가 더 외부 자극에 취약해지는 위험 상황이었다. 질다는 결국 주위에 아무런 도움을 요청할 수 없는 '매력적인 피해 대상'으로 전락했다고 볼 수 있다. 즉, 질다의 일상활동이 잠재적인 범죄자로 하여금 질다를 더 납치하기 쉬운 피해자로 보이게 만들었고, 질다 스스로도 외부에 직접 도움을 구하기 어려워짐으로써 보호능력의 부재 상황이 악화되었다고 볼 수 있다.

---

21 Cohen, L., & Felson, M. (1979). Social change and crime Rate Trends. *A Routine Activity Approach American Sociological Review, 44.*

3. 취약성 가설(Vulnerability Hypothesis)

취약성 가설은 피해자학Victimology에서 건강한 일반인들보다 상대적으로 "취약한" 상태에 놓인 일부 사람들이 더 범죄 피해를 당할 가능성이 높고, 피해 후 감정적 트라우마로 인해 고통을 받을 가능성도 더 크다는 것을 의미한다.

예를 들면, 상류층보다는 하류층, 남성보다는 여성, 젊은 계층보다는 노인층, 그리고 동거인들보다 1인 싱글들이 더 피해 상황에 놓이게 될 가능성이 크고, 이로 인해 한 개인이 느끼는 주관적인 범죄 피해 두려움도 더 크다고 하겠다Ulbrich, Warheit & Zimmerman, 1989.

취약성 가설을 주장하는 입장에서는 성별, 사회경제적 지위, 인종 등 취약성을 증가시키는 요인에 초점을 두어 특정인들이 느끼는 정서적, 인지적, 행동적 범죄 피해 두려움을 심층적으로 살펴볼 필요가 있다고 본다Jackson, 2009. 취약계층에 있는 사람들이 실제 범죄 피해를 당할 가능성은 낮을 수 있지만, 피해를 당할 확률과 상관없이 범죄 피해 두려움을 훨씬 더 많이 느끼기 때문에 이들을 위한 세심한 치안정책 수립이 필요하다고 본다.

오페라 작품 속에서 리골레토의 딸 질다는 엄마 없이 어릴 적부터 혼자 고립된 생활을 해 왔고, 외롭게 살아왔다. 오로지 질다가 만날 수 있는 사람은 유모와 아빠 리골레토뿐이었다. 질다의 마음은 항상 외부에 대한 동경으로 가득 차 있었을 것이다. 아빠 리골레토는 세상이 위험이 곳이라 절대 밖에 나가지 말라고 했지만, 자신에게 친근한 척 다가오는 만토바 공작의 유혹을 거부할 수는 없었다. 어린 질다는 공작의 실체를 의심해 볼 생각조차 하지 못했고, 어떻게 상대방을 주의깊게 살펴야 하는지도 알지 못했던 것이다. 부족한 인적 네트워크로 인해 사람을 경계하는 방법도 제대로 배워 보지 못한 질다는 만토바 공작의 말을 그대로 믿었고, 스스로 진심으로 공작을 사랑한다고까지 착각하게 되었다.

　이런 질다의 "취약한" 상황을 악용하여 만토바 공작과 그 일당은 교묘하게 그녀에게 접근했고, 납치 이후에도 질다를 신체적, 심리적, 정서적으로 통제해 오랜 기간 질다를 착취했다고 볼 수 있다.

　취약성 가설에서 말하듯, 질다는 처음부터 일반인들보다 더 불안한 심리 상황에 있었고, 범죄 발생 후에도 자신이 처한 피해 상황을 제대로 파악하지 못했다. 만토바 공작과의 잘못된 관계에 매몰되어 아빠 리골레토의 도움에도 쉽게 손을 내밀지 못했다. 고통과 괴로움이 컸지만, 제대로 피해 상황에 대처하지 못했던 질다는 본인이 가지고 있는 취약성으로 인해 마지막까지 스스로를 더 위험한 상황으로 내몰고 말았다.

　그리고 만토바 공작에게 납치된 후 질다가 겪게 된 극도의 스트레스와 괴롭힘으로 인해 질다의 취약성이 더 악화되었다. 취약성 가설에 따라 질다가 가진 특성이 피해자로서 더 큰 위험 상황에 노출시키는 요인이 되었고, 이후 과도한 스트레스 유발 상황이 원래의 취약성을 더 가중시키는 악순환을 야기했다고 볼 수 있다Ulbrich, Warheit & Zimmerman, 1989.

1. 오페라 리골레토에서 우리는 리골레토의 딸인 질다가 공작에게 납치, 감금, 성폭행당하는 상황을 보았습니다. 공작은 왜 많은 여성 중 질다를 범죄의 대상으로 선택했을까요? 범죄학 관련 이론으로 설명해 봅시다.

2. 오늘날 현대사회에서 공작이 저지른 성범죄 유사 사례를 찾아볼 수 있을까요? 오페라의 배경이 되는 시대와 현대사회에서 발생하는 성범죄의 차이점을 설명해 봅시다(ex. 디지털성범죄, 스토킹, 그루밍, 가스라이팅 등).

3. 최근 발생한 청부살인 범죄 사례를 찾고, 청부살인의 경우 어떠한 처벌이 이루어지는지 설명해 봅시다.

4. 범죄 기회를 차단하기 위한 '환경 설계를 통한 범죄예방(CPTED)'과 같은 대책들이 강조되고 있습니다. 성범죄를 예방하기 위해서는 어떠한 CPTED 활동이 필요하다고 생각하나요?

오페라 이해하기

1. 오페라 속 주인공 리골레토는 딸의 복수를 위해 공작을 살해해 달라는 살인 교사를 하게 됩니다. 자신이 리골레토라면 당시 상황에서 어떤 방식으로 만토바 공작에게 복수를 계획했을 것이라고 생각하나요?

2. 리골레토의 딸 질다는 공작에게 납치된 이후에도 "공작을 사랑한다."는 말을 하며 공작 대신 죽음을 택하게 됩니다. 이런 질다의 행동을 범죄학이론 차원에서 어떻게 설명해야 할까요?

3. 만토바 공작은 1막에서부터 "여인의 마음"이라는 노래를 합니다. 이 곡 가사 속에 나타난 공작의 마음은 어떤 범죄학 이론으로 설명할 수 있을까요?

4. 비행교우와 함께 어울려 다니던 악인 리골레토가 친구들로부터 범죄 피해를 당하게 되었습니다. 가해와 피해가 중첩되는 경우, 그 가해자의 과거 행동을 양형 과정에서 얼마나 고려해야 할까요?

● 아… 그렇구나!

〈리골레토〉는 오페라 중에 가장 슬픈 아버지와 딸의 비극적 이야기를 다루고 있습니다. 원래 이 오페라는 1851년 프랑스의 대표 문호 빅토르 위고가 만든 소설 "환락의 왕"을 바탕으로 한 것입니다. 당시 시대상을 빗대어 부패한 실제 왕을 비판하기 위해 작품을 만들었는데, 검열을 피하기 위해 가상의 캐릭터 "만토바" 공작을 만들었다고 볼 수 있습니다. 베르디의 오페라 작품에서 가장 유명한 곡은 바로 우리에게 너무나 친숙한 "여자의 마음"입니다. 추가로 아버지와 딸이 부르는 부분도 매우 아름다운 선율을 갖고 있는 것으로 유명합니다. 리골레토에서는 아버지가 딸과 함께 부르는 곡이 특히 자주 나옵니다. 특이하게도 아버지가 부르는 노래는 대부분 "바리톤"이 맡고 있는데, 많은 다른 베르디 작품에서도 주인공이 바리톤을 맡고 있습니다. "아이다", "라 트라비아타", "나부코" 등등 베르디 바리톤으로 불리는 다른 오페라 장면을 확인해 보시기 바랍니다.

● 오페라 이야기

* 오페라에서는 아리아와 레치타티보가 반복적으로 계속되고, 관객들은 아리아가 끝나면 잠깐 박수를 치는 타이밍을 가지는 것이 일반적인 절차입니다. 그런데 이상하게도 리골레토에서는 그 박수칠 타이밍을 찾기가 쉽지 않습니다. 아리아가 끝나도 다음 음악이 계속되고, 2중창이 레치타티보 이후 계속되어 끝과 시작이 어디인지 확실히 알 수 없기 때문입니다. 자연스럽게 연주가 계속되는 2중창의 매력을 잘 찾아보시기 바랍니다.

* 베르디는 '여자의 마음'이 외부에 알려질까 두려워 초연 직전에 처음으로 곡을 가수에게 보여주었습니다. 베르디가 "여자의 마음"이라는 곡에 보안을 특히 강조했던 이유는 그 멜로디가 너무 쉽게 사람들에게 기억되는 강한 흡입력이 있었기 때문입니다. 오늘날로 보면, 미리 인터넷에 노래가 알려지는 것을 경계해서 작곡가가 사전에 곡이 유출되는 상황을 막고자 무단히 노력했던 것으로 볼 수 있습니다. 쉽게 다른 작곡가들이 베르디 자신의 곡을 모방하지 못하도록 과거에도 오페라 공연 전부터 곡 유출 위험에 특히 더 신경을 썼다고 볼 수 있습니다.[22]

---

22 김학민(2002). 책 〈오페라 읽어주는 남자〉 中

(07)

라 트라비아타:
상호작용주의,
낙인이론,
악의 극화

대상의 실체와 보이는 것은 완전히 다른 것이다.

라 트라비아타: 상호작용주의, 낙인이론, 악의 극화

대상의 실체와 보이는 것은 완전히 다른 것이다.

우리나라 최초의 오페라 공연 - "춘희" 라 트라비아타

Ⅰ. 베르디의 비극 "라 트라비아타"

1. 누가 "춘희"에게 돌을 던질 수 있나요?

전 세계에서 가장 사랑받는 오페라 작품 중의 하나가 "라 트라비아타"이다. 이 오페라는 리골레토를 만든 이탈리아의 작곡가 주세페 베르디Giuseppe Verdi, 1813~1901의 작품이다. 우리나라에서는 1948년에 "춘희"라는 제목으로 명동에서 처음 무대에 올랐다.

여자 주인공의 이름은 원래 비올레타 발레리이다. 라 트라비아타는 여자 주인공의 이름이 아니라 "잘못된 길을 들어선 여성"이라는 뜻을 가진 일반 명사이다. 동양의 게이샤나 기생처럼 합법적인 방법으로 남성과 혼인한 것이 아니라, 상류층 남성들의 사교계 모임에서 은밀하게 고급 정부 노릇을 하던 여성들을 유럽에서 부르던 표현이라고 볼 수 있다.

원래 베르디의 이 작품은 알렉상드르 뒤마 2세의 소설 "동백 아가씨"를 바탕으로 한 것이다. 제목에 맞게 우리나라 오페라 극장에서는 그 의미를 확실히 전달하기 위해 일본 번역서 "춘희"라는 제목을 그대로 가지고 왔다. 그리고 "동백 아가씨"라는 부제도 함께 사용했다. 뒤마가 이 소설을 쓴 이유가 실제 본인의 인생에서 화

류계에 있던 여성이 자신과 헤어진 뒤 폐결핵으로 죽은 사실을 알고 그 여인을 기억하기 위해 동백아가씨를 만든 것으로 알려져 있다. 죽기 전 그 여성이 동백꽃을 너무 좋아했기 때문에 책 제목을 동백아가씨로 했다고 한다.

이 작품은 겉으로 보면, 비올레타를 1년 동안 먼발치에서 지켜보던 알프레도의 사랑을 보여주는 전형적인 멜로드라마로 보인다. 하지만 그 내면은 당시 유럽 상류사회 남성들이 갖고 있던 이중 잣대와 여성에 대한 불합리한 남녀 차별을 적나라하게 꼬집는 사회 개혁형 오페라이다. 처음 1853년에 베네치아에서 라 트라비아타를 공연했을 때 상류층 관객들의 입장은 매우 불편할 수밖에 없었다.

이 작품 속에서 비올레타의 입장을 이해하며 계층과 출신의 차이로 사랑을 포기해야 하는 슬픈 상황을 상상해 보기 바란다. 그리고 사랑하는 사람을 위해서 어쩔 수 없이 '난 당신을 사랑하지 않아.'라고 거짓말을 해야 하는 상황을 겪게 된다면, 어떤 절절한 심정을 느끼게 될지 진지하게 상상해 보기 바란다.

인간의 감정은 매우 이기적이면서도 한편으로는 한없이 타인을 향한 지고지순한 사랑과 희생으로 가득 차 있기도 하다. 한 마디로 인간의 감정을 설명한다는 것 자체가 매우 어렵고, 인간의 생각과 행동, 감정은 상황에 따라 매우 복잡하다고 볼 수 있다. 계급의 차이로 사랑하는 사람과 헤어지는 것은 구시대에만 있는 일이라고 단정 지을 수 있지만, 여러 가지 이유로 오늘날 우리가 사는 현대에도 연인들의 강요된 이별이 많이 발생한다. 사랑하면서도 어쩔 수 없이 거짓말을 해야 하고, 그리고 결국 연인과 헤어져야만 하는 상황은 누구에게 책임이 있는 것일까? 단지 두 사람에게만 그 책임을 물어야 하는 것일까? 오페라 "라 트라비아타"를 통해 인간의 진실된 사랑과 계급의 차이로 인한 강요된 이별의 문제점을 생각해 볼 수 있다. 사회 구성원이 만들어 낸 계급의 차이와 그로 인한 특정인에 대한 편견은 범죄학 내 "낙인이론"과 맥을 같이한다.

또한, 오페라 작품을 통해 여자 주인공의 직업과 관련된 성매매 행위에 대한 논쟁을 생각해 볼 수 있다. 윤락여성, 매춘여성 등으로 불려 온 성매매 여성들에 대한 법적 편견을 생각해 보도록 한다. 범죄학에는 '피해자 없는 범죄Victimless crime'라는 범죄 유형이 있는데, 여기에 성매매 여성이 포함된다.[23] 이러한 범죄는 시대와 지역

---

23 사실 '피해자가 없는 것처럼 보이는 범죄'라는 표현이 더 어울리는 것으로, 원칙적으로 피해자가 없

에 따라 상대적으로 비범죄화 혹은 탈범죄화의 논의에서부터 엄정대응 전략까지 매우 다양한 입장에서 다루어졌고, 심각한 논쟁의 중심에 서 있었다.

'어떻게 특정 범죄발생에 피해자가 없을 수 있을까' 하는 의문이 들겠지만, 피해자 없는 범죄에 속하는 대표적인 범죄로 동의낙태, 약물범죄 등을 생각해 볼 수 있다. 우리나라의 경우, 2019년 낙태죄 처벌 조항이 헌법불합치 판결을 받은 바 있다. 즉, 헌법재판소는 2019년 4월 11일 낙태죄 형벌 규정이 여성의 자기결정권을 과도하게 침해해 헌법에 어긋난다고 본 것이다2017헌바127.

과거에는 이 작품의 원작 소설인 동백아가씨에서 성인들 간의 성매매 행위를 '매춘'행위로 미화시켜 부르기도 했다. 꽃이 활짝 피는 봄을 사고파는 행위로 성매매를 본질과 상관없는 단어로 실제와 다르게 범죄사실을 표현한 것이다. 봄(春)을 산다는 뜻으로 해석되어 그럴듯하게 들리기도 하지만, 법률상 '성매매'라는 용어를 사용하여 성(性)을 사고판다는 행동이 잘못된 범죄행동임을 명확히 알릴 필요가 있다.

성매매는 법으로 처벌받는 범죄임은 분명하지만 피해자를 특정하기 어렵고 시대와 국가마다 그 판단기준과 법률이 매우 다르다는 특징을 갖고 있다. 때로는 성매매 자체의 위험성 보다는 성매매로 인한 부수적인 범죄, 즉 청소년 가출, 폭력, 학대 그리고 더 나아가 약물남용이나 인신매매 등의 위험이 더 크다고 볼 수 있다. 사회적으로 소외받은 이들이 성매매에 내몰리고, 이들이 다시 사회에서 소외되는 악순환의 비극이 만들어지고 있다.

범죄의 심각성 판단 기준은 상대적이다. 일반적으로는 네 가지 기준을 따르고 있는데, 오페라 "라 트라비아타"의 성매매 행위를 네 가지 기준으로 판단해 볼 필요가 있다. 역사적으로 성매매 행위에 대해 강경대응 분위기를 만들어 내지 못하는 이유가 무엇인지도 네 가지 기준으로 생각해 봐야 할 것이다. 먼저, 첫 번째 심각성 판단 기준으로 "범죄폐해 결과의 심각성(신체 생명 침해 > 재산적 손실)"을 들 수 있다. 둘째, 범죄 피해자가 특별한 보호를 요구하는 "취약한 대상(아동, 여성, 노인 > 젊은 성인 남성)"인가가 기준이 될 수 있다. 셋째, 가해자와 피해자가 특수한 관계(학대받고 있던 여성의 학대자 살인 < 낯선 남성에 대한 이유 없는 살인)에 있었는가가 중요한 범죄 심각

는 범죄란 존재하지 않는다는 것이 다수의 의견이다. 하지만 전통적으로 피해자와 가해자가 뚜렷하게 나뉘는 범죄와 반대개념으로 등장한 피해자와 가해자가 분명하게 나눠지지 않는 피해자 없는 범죄(victimless crime)라는 용어로 널리 사용되고 있다.

성 판단 기준이 될 수 있다. 넷째, 마지막 심각성 판단 기준으로 사회적, 도덕적 판단 가치를 들 수 있다. 국가, 종교별로 상이한 가치 판단 잣대를 사용할 수 있고, 같은 국가 내에서도 시대별로 다양한 범죄 판단 기준을 활용할 수 있다. 때로는 음주운전 사범을 더 엄하게 처벌할 수도 있고, 때로는 스토킹 범죄자나 가정파괴범을 더 엄하게 처벌할 수도 있다. 도덕적 판단 기준에 따라 범죄 심각성 판단 정도가 달라진다. 이러한 네 가지 기준을 가지고 오페라 "라 트라비아타"를 새롭게 이해할 필요가 있다.

보잘 것 없는 나에게
사랑은 사치인가요… 라 트라비아타 中

베르디의 오페라 '라 트라비아타La Traviata'는 파리 사교계의 프리마돈나 마리 듀프레시라는 실제 여성을 소재로 한 것이고, 프랑스 작가 알렉산드르 뒤마피스의 개인 경험을 바탕으로 한 것이다. 소설 동백아가씨로 불리는 〈춘희〉를 원작의 제목으로 볼 수 있다. 이 오페라는 오페라의 마지막 부분에 비올레타가 죽어 갈 때 흐르는 슬픈 선율로 시작한다. 하지만 곧 막이 열리면서 오페라는 파티 장면을 보여주고, 누구나 알고 있는 친숙한 선율인 '축배의 노래'를 들려준다.

경쾌한 멜로디를 가진 이 음악의 가사는 이상하게도 자꾸 들을수록 가슴이 아프다. 라 트라비아타의 여주인공 비올레타가 갖게 될 슬픈 결말을 오페라가 시작되는 경쾌한 순간부터 미리 암시해 주는 듯하다. 파티에서 알프레도는 비올레타에게 사랑 고백을 하고 비올레타도 그의 고백을 받아들인다.

2막에서 비올레타는 사교계 생활을 청산하고 알프레도와 한적한 곳에 아름다운 보금자리를 꾸미게 된다. 영원히 계속될 것만 같은 두 사람의 신혼 생활을 보여주지만, 곧 알프레도의 아버지가 비올레타를 찾아와 아들과 헤어지라고 말한다. 비올레타는 진심으로 알프레도를 사랑하고 있음을 아버지에게 보여준다. 알프레도의 아버지는 비올레타가 착한 여성이라는 사실을 알게 되고, 그녀의 행동에 큰 감동을 받는다. 하지만 그렇다 하더라도 그들의 사랑을 허락하기에 사회적 장벽은 너무 높았다. 결국 비올레타는 이별을 결심하게 된다. 사랑하는 알프레도가 자신의 낮은 사회적 신분으로 인해 앞으로 받게 될 고통을 생각하니, 비올레타는 자신이 몰래 떠나는 수밖에 없다는 생각을 하게 된 것이다. 아쉽게도 알프레도는 비올레타가 자신을 배신했다는 잘못된 생각으로 분노에 가득 차게 된다.

3막에서 비올레타는 더 이상 사교계를 이끌던 화려한 모습이 아니다. 이전부터 앓아 왔던 폐결핵으로 죽음을 눈앞에 두고 있는 나약한 환자의 모습이다. 사랑을 잃은 후에 결국 커다란 슬픔이 비올레타를 삼켜 버린 것일까? 조금씩 병을 앓던 비올레타는 이제 죽음의 문턱 앞에 와 있다. 의사의 치료도 이제는 아무 도움이 되지 않는다.

비올레타에게 일어난 일을 알프레도가 늦게나마 알게 되고, 다시 비올레타 곁으로 돌아오려고 한다는 알프레도의 편지가 도착하게 된다. 하지만 비올레타는 이미 너무 늦었다는 생각을 한다. 알프레도의 품에서 비올레타는 쓰러지고, 결국 착하고 어여쁜 새 여인을 만나 편안한 삶을 살라는 말을 남기고 죽음을 맞이하게 된다.

사교계에서 모든 남성이 탐낼 만한 외모와 지성을 겸비하였던 아름다운 여인 비올레타! 자신을 사랑하는 알프레도의 행복을 위해 그를 떠나야만 했던 슬픈 사랑의 주인공 비올레타. 왜 사람들은 비올레타의 내면에 대해서는 관심을 갖지 않고, 두 남녀의 진실한 사랑에 무조건 반대하며 그녀에게 돌을 던지며 잘못된 만남이라고 단정지었을까?

2. 범죄학자의 생각 정리

앞서 언급한 것처럼 원래 '트라비아타Traviata'란 말은 '길을 잘못 든 여자' 또는 '바른 길을 벗어난 여자'라는 뜻을 갖고 있다. 여기에서는 이 제목 자체가 여주인공을 묘사하는 단어라고 볼 수 있다. 비올레타의 직업 때문에 이런 뜻을 가진 단어가 이 오페라의 제목이 되었다. 비올레타의 직업이 성매매 여성이 아니고 평범한 직장인이나 학생이었다면 이 오페라의 제목은 아마도 '사랑에 헌신적인 여자' 혹은 '진심으로 사랑했던 여자'가 될 것이고, 남자에게 헌신적이었던 한 여자의 러브 스토리로 평범하게 오페라는 끝났을 것이다.

오페라 '라 트라비아타'는 무대 장치를 보면 화려한 감성적인 사랑 이야기를 담은 오페라 중 하나로 손꼽히지만, 사실은 오페라 내면에는 높은 사회 비판 의식을 담고 있다. 당시 상류층 사회 남성들이 갖고 있던 왜곡된 여성 의식과 하류층에 대한 이중적 윤리 잣대를 신랄하게 비판하는 작품으로 오페라를 이해해야 하는 것이다.

범죄학적 내용을 굳이 접목시키지 않더라도 우리에게 여주인공 비올레타의 사랑은 그 화려함에 가려지기에는 안타까운 측면이 많다. 꼬리표가 붙여진 사람들의 특정 직업과 출신, 이름, 학교 등을 앞에 놓고 많은 사람들이 함부로 단정지어 한 사람의 내면까지 잘못 평가하는 오류를 범하고 있다. 이로 인해 꼬리표가 달린 본인 스스로도 자신의 정체성을 운명처럼 받아들이고 잘못된 선택을 하기도 한다. 이러한 설명을 담고 있는 이론이 바로 "낙인이론Labelling Theory"이다.

낙인이론을 주장한 러머트Lemert는 일탈행동이나 범죄행동은 개인적 심리나 환경 조건보다는 특정 행동에 대한 사회적 평가로 인해 발생한 결과라고 주장하였다.[24] 범죄학에서 말하는 낙인이론과 비슷한 것으로 '**피그말리온 효과**Pygmalion effect'라는 심리학 용어가 있다.

피그말리온 효과는 주변사람들의 긍정적인 기대가 있으면, 사람이 해당 기대에 어울리는 실질적인 발전을 하게 된다는 것으로 사회적 평가의 긍정적인 면을 강조한다. 반대로 낙인이론은 부정적인 평가가 계속 되었을 때 당사자의 정체성에 부정적인 효과가 발생해 실제로 잘못된 자기 평가를 유지하게 만든다고 본다.

청소년의 경미한 일탈행동으로 인해 소위 "불량청소년"이라는 꼬리표를 달게 되면, 그 이후부터는 경찰이나 부모님, 학교 선생님으로부터 "범죄자"라는 낙인을 더욱 강하게 받게 되고, 그로 인해 어울릴 수 있는 친구들도 한정되게 된다. 결국 한정된 친구들과 어울리다 보니 더욱 심각한 비행행위를 하게 되고, 나중에는 심각한 범죄자가 되는 악순환의 과정을 거치게 된다.

이와 같이 한 번의 일탈로 '비행청소년'이라는 낙인이 찍히게 되면 합법적인 성공의 기회에 제한이 생겨 영속적인 낙인의 효과를 초래하게 된다. 당사자 스스로도 잃을 것이 없다고 생각하게 되는 것이 바로 낙인이론의 핵심이다. 탄낸바움Tannenbaum은 이러한 과정을 '악의 극화'라고 정의하며 과거에 일어난 일반적인 정상 행동을 주위 사람들이 얼마나 극적으로 재해석하며 기존의 낙인을 강화시키는지 비판적으로 살펴볼 필요가 있다고 보았다. 그 극화 과정을 특히 중요하게 다루면서 범죄학자는 낙인의 과정을 체계적으로 인식해야 한다고 주장했다.[25]

악의 극화를 보다 구체화하여 러머트Lemert는 '이차적 일탈'이라는 표현을 사용한 바 있다. 일차적 일탈은 다양한 원인에 기인하여 야기되는데, 일차적 일탈로 인한 사회의 부정적 반응이 이차적 일탈을 야기하게 되므로 범죄 원인으로 이차적 일탈에 직결된 사람들의 공식·비공식적 '반응'을 가장 중요하게 다루어야 한다고 보았다.

---

24 Lemert, E. M. (1974). Beyond Mead: The societal reaction to deviance. *Social Problems*, *21*(4), 457–468.

25 Tannenbaum, F. (1938). Crime and the Community (pp. 19–20). Boston: Ginn.

분명한 것은 우리사회 역시 오페라 라 트라비아타에서 보는 바와 같이 성매매 당사자를 처벌하면서 성매매 여성에게 부정적 시각을 공식, 비공식적으로 보내고 있다는 점이다. 오늘날 우리가 말하는 성매매 여성과는 다르게 오페라 시대 속 비올레타는 상류층과 어울릴 수 있는 수준의 지성과 미모를 겸비했던 인물로 묘사되어 있다. 하지만 그녀의 직업 때문에 그녀와 어울리는 상류층 사람들 역시 내면에서는 단지 비올레타가 직업여성에 불과할 뿐이라고 생각했다. 과거 여성에 대한 순결 이데올로기가 남성들의 행태와 다르게 이중적으로 적용되기도 했다. 당시 상류층 남성들은 이중적인 기준을 적용해 자신들의 성적 만족을 높여주는 또 다른 여성 계층을 만들어 놓고, 그 여성들을 일반적인 계급의 사람들보다 더 낮게 취급했다.

　슬프레도 주인공 비올레타는 사회가 자신을 바라보는 눈을 누구보다 잘 알고 있었다. 아름답다고 칭찬하며 모든 시선을 자신에게 주면서도 결국은 하찮게 버림받아야 할 천한 성매매 여성으로 꼬리표를 붙였다는 것을 스스로 알고 있었다. 결국 자신은 공식적으로 당당하게 결혼할 수 없는 사람인 것을 직감한 것이다.

　결국 비올레타는 자신을 진심으로 사랑하는 사람에게도 자신이 초라한 존재라고 느끼는 내면의 슬픈 감정을 솔직하게 털어놓지 못했다. 상대방을 진심으로 사랑하면서도 이별을 선택할 수밖에 없는 이유는 주변 사람들이 그녀에게 보낸 악의적인 시선 때문이었다. 사회가 달아 준 비올레타에 대한 잔인한 꼬리표가 한 여자의 삶을 망가뜨리고, 악의 극화가 가져온 비극이 아름다운 사랑의 끝을 불러왔다고 볼 수 있다.

그렇지만 범죄학에서는 낙인이론을 절대적인 범죄 원인론으로 생각하지 않는다. 낙인이론은 학자들 사이에 반론의 여지가 많은 이론인데, 무엇보다 일차적 일탈의 근본 원인을 설명하지 못한다는 치명적인 단점 때문이라고 하겠다. 다시 말해 첫 번째 일탈이 왜 발생했는지 정확히 설명하고 있지 않기 때문에 한계가 많은 이론이다. 비올레타가 왜 '라 트라비아타'의 삶을 선택했는지에 대해 낙인이론은 크게 관심이 없다. 낙인이론을 통한 범죄예방 전략을 구현하기 위해서는 첫 번째 일탈 원인에 대한 설명이 필요하다. 개인과 주변인들 간의 상호작용으로 인한 이차적 일탈이 중요한 범죄 원인이기는 하지만, 우연히 발생한 일차적 일탈에 무조건 눈을 감을 수는 없다.

그럼에도 불구하고 여전히 낙인이론을 근거로 한 다양한 소년범 훈방조치와 기소유예, 임시퇴원 정책들이 실무에서 활발히 이루어지고 있다. 청소년비행에 낙인이론을 적극 활용하여 다양한 소년보호 정책이 이루어지고 있는 것이다. 낙인이 일어나는 과정을 살펴 그 부작용이 일어나는 상황을 원천적으로 미연에 방지하는 것은 중요한 일이다. 낙인으로 인한 또 다른 추가 일탈과 소외, 부적응을 형집행 과정에서 세심하게 예방하는 것은 소년형사사법 내에서 향후 실무자들이 가장 신경써야 할 부분이다.

1. 오페라 라 트라비아타의 주인공은 불법 성매매 일을 하는 여성입니다. 법으로 성매매 자체를 엄격히 금지하는 우리나라에서 성매매가 은밀하게 발생하는 이유를 범죄학 이론으로 설명해 봅시다.

2. 낙인이론을 이용해 비올레타를 바라보는 주변 사람들의 잘못된 시각을 설명해 봅시다. 그리고 비올레타 스스로가 이차적 일탈을 겪게 되는 과정을 설명해 봅시다.

3. "악의 극화"라는 개념이 포함된 극중 대사나 장면을 골라 보세요. 해당 내용을 범죄학 차원에서 설명해 봅시다.

4. 성매매는 국가마다 그 규제방향이 다릅니다. 합법으로 규정하여 허가제를 택하는 호주 또는 네덜란드 같은 국가도 있고, 우리나라처럼 성매매 자체를 엄격히 불법으로 규제하는 국가도 있습니다. 같은 범죄에 대하여 국가마다 다른 정책을 시행하는 이유를 설명해 봅시다.

오페라 이해하기

1. 여주인공 비올레타는 직업여성(유흥업에 종사하는 여성을 완곡하게 이르는 말)이라는 이유로 주변 사람들에게 손가락질을 받고, 사랑하는 사람과의 행복도 포기해야만 했습니다. 지금까지 살면서 자신이나 주변 사람이 누군가의 행동을 지역 출신이나 직업, 얼굴 외모, 학력, 성별 등을 이유로 무조건 꼬리표를 붙여 함부로 판단했던 적이 있나요? 개인적 경험을 떠올려 보고, 특정 사건이 발생한 이유를 말해 봅시다.

2. 오페라 라 트라비아타에 등장하는 캐릭터 중 상대적으로 가장 합리적인 사고를 가진 사람은 누구라고 생각하나요? 그 이유는 무엇일까요?

3. 내가 만약 오페라 속 비올레타였다면, 사랑하는 사람의 주변인이 만남을 포기하라고 하면 어떻게 행동했을까요? 사랑하는 사람의 주변 가족들에게는 여러분은 비올레타와 달리 어떤 모습을 보였을까요?

4. 알프레도가 보인 행동 중 가장 아쉬움이 남는 장면은 무엇일까요? 그 이유는 무엇인가요?

● 아… 그렇구나!

비범죄화(Decriminalization)

성매매에 대한 비범죄화 논란은 지금도 전 세계적으로 계속되고 있습니다. 성매매에 종사하는 일부 여성들은 성매매가 불법이라는 이유로 안전과 인권을 보장받지 못한다고 말하기도 합니다. 성인 여성의 자발적인 성매매는 성적 자기결정권 차원에서 보호받아야 한다는 입장도 있습니다. 미국의 네바다州 같은 경우에는 성매매를 법적으로 인정하여 노동법과 사회보장법 등의 권리를 노동자 보호 차원에서 성매매 여성에게 동일하게 적용하기도 합니다.

피그말리온 효과(Pygmalion effect)

심리학에서는 타인이 나를 존중하고 나에게 기대하는 것이 있으면 그 기대에 부응하고자 하는 마음에서 타인이 기대하는 쪽으로 변하려고 노력하여 실제 그렇게 된다는 것을 피그말리온 효과라고 합니다. 특히, 교육심리학에서는 교사의 관심이 학생에게 긍정적인 영향을 미치는 '자기 충족적 예언' 효과를 강조합니다.

● 오페라 이야기

1853년 베네치아 라 페니체 극장의 라 트라비아타 초연은 생각만큼 큰 성공을 거두지 못했습니다. 상류층 남성들이 자신들의 잘못된 이중생활을 봐야 하는 불편함이 커서 스토리를 바꾸어야 한다는 비판을 하기도 했습니다. 그러나 아이러니하게도 당시 시대 상황과 계급에 대한 비판보다는 진짜 이유로 작품 속 비올레타 역의 소프라노 외모가 마음에 들지 않는다는 이유가 있습니다. 병에 걸려 죽어 가는 비올레타가 건장한 체격의 소프라노라는 것이 현실감이 없다고 느낀 것입니다.

세월이 지나도 여성 오페라 가수에 대한 외모 차별은 달라지지 않았습니다. 가수의 가창력보다 외모가 더 중요시되는 상황이 오늘날에도 계속되고 있습니다. 2010년 영국 일간지 더 타임스는 로마 오페라 극장에서 여주인공 '비올레타' 역을 맡기로 한 소프라노 다니엘라 데시(52)가 갑작스레 출연 취소를 선언했다는 깜짝 발표를 했습니다. 바로 연출을 맡은 프랑코 제피렐리(86) 감독이 "(당신 같이) 뚱뚱한 여성이 비올레타 캐릭터를 연기하는 건 맞지 않다."고 비난을 했기 때문입니다. 세월이 지나도 여성 오페라 가수에 대한 외모 차별은 달라지지 않은 듯합니다.

부록

오페라 범죄학 실천 사례

오페라 범죄학 실천 사례

이 책은 원래 쉽게 오페라를 접할 수 없는 학교 밖 "청소년"을 위한 "시민인문강좌" 지원 사업 프로젝트의 결과물이기도 하다. 소년원이나 보호관찰소 등 소년보호처분 관련 기관에 있는 청소년을 위해 "만화 오페라"를 준비하고, 각 작품에 등장하는 음악과 주인공들의 감정, 행동에 대해 함께 토론하도록 하는 새로운 형태의 시민인문강좌 프로젝트를 실시했다.

2015년 3월 처음으로 법무부 범죄예방정책국 산하 비행청소년들을 상대로 오페라 속 범죄학 강의 프로젝트를 운영했는데, 10대 어린 청소년들이 흥미를 가질 만한 작품과 친숙한 음악을 가진 오페라를 찾는 것이 관건이었다. 무엇보다도 스토리 전개 자체가 속도감이 있고, 주인공 캐릭터에 청소년들이 쉽게 동화될 수 있는 작품을 선별하는 데 주안점을 두었다.

강의 전 각 소년보호기관의 특성과 운영 방안 등을 세심히 살피고, 강좌 참가 학생들의 기본 특성 및 상황을 함께 고려하여 강의 준비물을 만드는 것이 여간 힘든 일이 아니었다. 오페라 속 범죄학을 강의하기 전에 청강생들에 대한 충분한 이해와 자료 준비가 매우 중요하다고 봤다. 눈높이 교육을 실시하기 위해 '오페라 속 범죄학' 운영이 작품 선택이나 범죄학 이론 난이도 차원에서 탄력적으로 변화, 발전될 필요가 있다고 생각했다.

무엇보다도 동일한 작품을 보고도, 개인이 가진 경험이나 역량, 성격, 상황 차이로 인해 그 감동의 폭이 다르고, 문제 행동에 대한 원인 해석도 다양할 뿐만 아니라 음악에 대한 선호도도 개인마다 다르므로 "오페라 이해하기"라는 집단 토론 시간을 갖는 것이 매우 중요하다고 봤다. 이런 이유에서 이 책에서는 각 장마다 "오페라 이해하기"라는 부분을 만들어 오페라 작품에 대한 집단 토론 시간을 마련해 두었다.

과거 저자는 학교 밖 학생들을 상대로 '오페라 범죄학'을 강의한 경력이 있고, 동시에 청강생들이 오페라 감상을 어떻게 느끼는지 개별적으로 평가, 조사한 바 있다. 여기에서 그 활동지 및 평가 설문지 문항을 간략히 소개하고자 한다. 작품마다 약간씩 서로 상이한 방식의 평가 질문지를 사용했지만, 기본적으로 각 활동지에는 작품에 대한 이해도와 주인공 감정 공감도, 범죄이론 적용도라는 세 가지 척도를 사용했다.

2015년 3월 12일 춘천소년원에서 실시한 강좌에서는 전반적으로 오페라를 통한 범죄예방 이야기에 소년원 학생들이 많은 관심을 보이는 것으로 나타났다. 여기에서는 학생들이 여러 작품을 감상했는데, 특히 '세비야의 이발사'라는 작품을 감상했을 때 오페라에 대한 기본적인 이해도와 오페라 내 핵심 등장인물들의 심리적 변화 및 행동 저변에 깔린 의도 공감도, 그리고 범죄행위 원인에 대한 탐색참여도에서 점수가 모두 평균 이상으로 높게 나타났다.

해당 작품 속에서는 주인공이 자신의 신분을 속이고, 타인에게 접근하는 행동을 볼 수 있었는데, 주인공의 심리를 통찰하면서 학생들은 자신이 과거에 저지른 사이버범죄와 ID 도용, 온라인 게임사기 등의 문제를 이야기하였다(그림 3 참조).

오페라 "리골레토"를 시청한 교육에서는 일부 청소년들이 외톨이 장애인이었던 주인공 리골레토의 공격행동 및 분노감정에 대한 감정이입이 매우 잘 이루어졌다. 딸의 복수를 위해 청부살인을 준비하는 리골레토의 모습은 처절한 슬픔과 복수, 응징을 떠오르게 했고, 많은 비행청소년들이 과거 자신이 타인을 향해 분출했던 공격행동과 "복수"라는 이름으로 누군가에게 폭력행동을 저질렀던 경험을 떠오르게 했다고 말했다.

또한, 카르멘이라는 작품을 통해 잘못된 사랑의 감정이 자칫 얼마나 이기적이고 위험한 행동을 불러올 수 있는지 논의하는 토론 시간도 가졌다. 특히, 젊은이들이 경험하게 되는 데이트폭력 혹은 가정폭력사건과 연계되어 직접, 혹은 간접적으로 비행청소년들이 경험한 스토킹이나 범죄가해, 피해 사건들을 수업 시간에 논의하였다. 평가 차원에서 사후 오페라 치료를 통해 참여 학생들이 긍정적인 행동변화를 보이는 것으로 나타났다.

해당 프로젝트는 원래 10대 청소년(학교 밖)을 대상으로 한 강의였기에 어린 학생들을 위해 오페라 "만화"를 주요 시청각 자료로 활용했다. 만약 대학생이나 성인들을 위한 강좌라면, 만화 형태의 요약본 오페라보다 실제 오페라 공연을 녹화한 영상을 감상토록 한 후 토론에 참가하게 하는 것이 더 좋을 것이다.

참고로 2015년 시민인문강좌에서 사용했던 사후 설문지 문항을 소개하면 다음과 같다. 설문지는 중학생(학교 밖 청소년)을 대상으로 한 수업에서 오페라 강의를 마치고 평가용으로 받은 설문지이므로 그 문항 자체가 매우 쉽고 평이하게 구성되었다(그림 4 참조). 향후 수강 학생의 연령별로 그 질문 방식이나 내용을 상황에 맞게 달리하면서 설문지를 매 오페라 감상 후에 학생들에게 받아 범죄학 강의 사후 피드백 자료로 활용하면 좋을 것이다.

그림 1
오페라 감상 작품 이해도

학생용 활동지

※ 오페라 '마술피리'를 보면서 함께 풀어봅시다.

1. 오페라 속에서 왕자를 위험에 빠트린 괴물은 ?
   (정답:)

2. 오페라 속 ♡커플♡을 찾아 화살표(→)로 연결해 주세요

   ①   타미노●   ● 파파게티

   ②   자라스트로●   ● 밤의여왕

   ③   집사●   ● 3명의 시녀

   ④   파파게노●   ● 파미나

3. 자라스트로가 왕자와 공주에게 제시한 시험에 해당하는 것은?(모두 고르시오)
   ① 불의 시험
   ② 물의 시험
   ③ 바람의 시험
   ④ 침묵 수행
   ⑤ 금식

4. '왕자는 밤의 여왕의 말에 속아 자라스트로를 없애려 길을 떠난다'.
   우리사회에도 본인의 이익(돈, 명예, 사랑 등)을 위해 다른 사람을 속이는 행동(범죄)을 하기
   도 한다. 다른 사람을 속이는 컴퓨터/스마트폰 관련 범죄유형에는 어떤 것들이 있을까? (3
   가지)
   ① (정답:)
   ② (정답:)
   ③ (정답:)

5. 오페라 속 왕자와 공주가 사용하는 '마술피리'가 주는 교훈은 무엇일까?
   ① 사람은 보고 싶은 것만 보고, 믿고 싶은 것만 믿는다.
   ② 사랑은 쟁취하는 것이다.
   ③ 아무리 힘든 시련과 고통도 노력하면 극복할 수 있다.
   ④ 죄가 있으면 반드시 벌을 받고 착한 일을 하면 좋은 보답을 받는다.

그림 2
오페라 감상 주인공 감정 공감도

 학생용 활동지

※ '마술피리' 오페라 주인공들이 불렸던 노래 중 <u>가장 인상 깊었던 것</u>을 순서대로 적기!!!

① 타미노

④파파게노 파파게티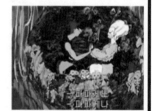

②자라스트로

⑤파미나

③밤의여왕

⑥ 시녀 세 명

그림 3

오페라 감상 범죄학 이론 적용도(서울 서부보호관찰소 비행청소년 대상)

[오페라 감상] 가발3반

■ 오페라의 제목은 무엇일까요?	① 세비야의 이발사 (✓) ② 돈 조반니 ③ 마술피리 ④ 피가로의 결혼
■ 오페라의 작곡가는 누구일까요?	① 모짜르트 ② 로시니 (✓) ③ 푸치니 ④ 베르디
	■ 알마비바 백작이 사랑한 여자의 이름은 무엇인가요? 로지나
	■ 알마비바 백작이 로지나의 마음을 확인하기 위해서 어떻게 하려고 했나요? 신분을 감추고 접근해서
	■ 돈바지니오는 알마비바 백작을 쫓아내기 위해서 어떤 방법을 사용하였나요? 악담을 퍼뜨려 쫓아낸다 (헛소문.누명)
	■ 잘못된 소문으로 피해를 당한 사람은 어떤 심정이라고 말하고 있나요? 궁지에 몰려서 죽고싶은 심정
■ 여러분도 알마비바 백작과 같은 행동을 한 적이 있나요?	네 있습니다
■ 왜 그러한 행동을 했었나요?	어릴적 초등학교때 좋아하는 여자애가 우유당번인데 아무도 모르게 일찍 등교해서 내가 대신해주었다

그림 4
오페라 속 범죄학 평가 설문지 사례

【설 문 지】

문항	매우 그렇다	그렇다	보통이다	그렇지 않다	매우 그렇지 않다
1. 오페라를 활용한 범죄예방 강의(인문강좌)에 대해 만족하나요?	✓				
2. 오페라가 무엇인지 알게 되었나요?		✓			
3. 오페라 범죄학 강의를 들으면서 친숙한 음악을 듣게 되었나요?	✓				
4. 오페라가 주는 교훈이 있었나요?			✓		
5. 주인공 중 마음에 드는 사람이 있었나요?	✓				
6. 또 다른 오페라를 보고 싶다는 생각이 들었나요?	✓				
7. 오페라 줄거리 속에서 '범죄' 행위를 찾았나요?	✓				
8. 오페라 활용 범죄예방 강사가 시간 약속을 잘 지켰나요?	✓				

·REFERENCE·

● 국내 문헌

김정태. (1977). 명작 오페라 해설. 삼호뮤직.

김범식 & 김학범. (2011). 중독범죄에 대한 새로운 패러다임. 한국중독범죄학회보, 1(1), 89 - 113.

김영현. (2014). 잘 속는 사람들의 심리코드. 서울: 웅진서가.

김학민. (2002). 오페라 읽어주는 남자. 서울: 명진출판.

김준호, 노성호, 이성식, 곽대경, 이동원 & 박철현. (2003). 청소년비행론. 서울: 청목출판사.

구인회, 박현선, 정익중 & 김광혁(2009). 빈곤과 아동발달의 관계에 대한 종단 분석. 한국사회복지학, 61(1), 57 - 79.

권덕원. (2000). 다문화주의 음악교육론과 국악교육. 음악과문화. 제2호(세계음악학회).

권현용 & 김현미. (2009). 학교폭력 가해 청소년의 심리사회적 요인에 관한 질적분석. 한국동방과학학회지, 12(1), 1 - 12.

맹선희. (2009). 고등학교 음악교과 오페라 분석을 통한 수업지도안 연구. 경원대학교 대학원 석사논문.

박중길. (2006). 소년원 문화예술교육의 목표와 내용체계 구성을 위한 요구조사. 예술교육연구, 4(2): 73 - 89.

박종호. (2014). 오페라 에센스 55. 서울: 시공사.

신동준. (2003). 머튼의 아노미 이론 검증을 위한 국가간 비교 연구. 2003년도 한국사회학회 후기 사회학대회 (Ⅰ), 231 - 257.

오현지. (2011). 7차교육과정에 따른 오페라 감상 지도방안 연구. 영남대학교 대학원 석사논문.

우기동. (2007). 소외 계층과 호흡하는 인문학 - 경험 사례를 중심으로 실천 인문학의 가능성 모색 - . 시대와 철학, 18(4): 139 - 168.

윤민우. (2012). 부정적인 자아감, 자기 효능감이 마약 사용에 미치는 영향: Self-derogation 이론을 바탕으로. 한국경찰연구, 11(1), 3 - 26.

윤현선. (2006). 사회경제적 배경이 청소년의 학업성취에 영향을 미치는 과정: 사회적 자본 이론과 가족매개모델의 비교 검증, 청소년학연구, 13(3), 107 - 135.

이순래, 곽대경, 기광도, 김상원, 박정선, 박철현 & 최응렬. (2008). 현대사회와 범죄. 서울: 청목출판사.

이용숙. (2003). 오페라, 행복한 중독. 예담출판사.

변왕중. (2017). 볼프강 모차르트. 예림당출판사.

조윤오. (2012). 학교폭력 피해경험이 범죄행동에 미치는 영향. 피해자학연구, 20, 511 - 534.

최병철. (2002). 음악치료학. 서울: 학지사.

홍덕률. (2002). 인문학적 소양을 위한 사회교육의 활성화 방안 연구. 인문사회연구회 인문 정책연구총서 2002-22.

황의갑, 기광도, 김용근, 류준혁, 박지선, 윤우석, 이봉한, 이상문, 이수현, 이창한, 정덕영, 정진성 & 조윤오 공역. (2011). 범죄학: 범죄원인론, 형사정책, 범죄발생의 최근경향. 그린출판사.

● 해외 문헌

Agnew, R. (1992). Foundation for a general strain theory of crime and delinquency. Criminology, 30(1), 47-88.

Agnew, R. (2001). Building on the foundation of general strain theory: Specifying the types of strain most likely to lead to crime and delinquency. *Journal of research in crime and delinquency*, 38(4), 319-361.

Agnew, R. (2010). A general strain theory of terrorism. *Theoretical Criminology*, 14(2), 131-153.

Anthony Beech & Ruth Mann. (2002). Recent developments in the assessment and treatment of sexual offenders, in James McGuire, ed., Offender Rehabilitation and Treatment: Effective Programmes and Policies to Reduce Re-offending, England: John Wiley and Sons: 263-264.

Coelho, P. (2009). *Eleven minutes*. Harper Collins.

Cohen, L. & Felson, M. (1979). Social change and crime Rate Trends. *A Routine Activity Approach American Sociological Review*, 44, 588-608.

David B. Schubot. (2001). Date rape prevalence among female hight school students in a rural midwestern sate during 1993, 1995, and 1997. *Journal of Interpersonal Violence*, 16, 291-296.

Felson, M. & Boba, R. L. (Eds.). (2010). *Crime and everyday life*. Sage.

Felson, R. B., & Buurchfield, K. B. (2014). Alcohol and the risk of physical and sexual assault victimization. *Criminology*, 43, 837-859.

Gennaro F. Vito, Jeffrey R. Mahhs & Ronald M. Homes. (2007). *Criminology: theory, research, and policy*. Jones and Bartlett Publishers, Inc.

Gennaro F. Vito, Jeffrey R. Mahhs & Ronald M. Homes. (2007). Criminology: theory, research, and policy. Jones and Bartlett Publishers, Inc: 285-286.

Gottfredson, M. R. & Hirschi, T. (1990). *A general theory of crime.* Stanford University Press.

Gozalez, J. R. (2014). Victim-Offender Overlap, Encyclopedia of Theoretical Criminology (pp.3), editor J Mitchell Miller, Publisher: Wiley, DOI:10.1002/9781118517390.wbetc139.

Hannon, L. (2003). Poverty, delinquency, and educational attainment : Cumulative disadvantage or disadvantage saturation? *Sociological Inquiry,* 73(4), 575-594.

Hindelang, M. J., Gottfredson, M. R. & Garofalo, J. (1978). *Victims of personal crime: An empirical foundation for a theory of personal victimization.* Cambridge, MA: Ballinger.

Jackson, J. (2009). A psychological perspective on vulnerability in the fear of crime, Psychology, *Crime and Law,* 15(4). DOI: 10.1080/10683160802275797

Jackson, J. (2009). A psychological perspective on vulnerability in the fear of crime, Psychology, *Crime and Law,* 15 (4). ISSN 1068-316X, DOI: 10.1080/10683160802275797

Jeffrey, C. R. (1978). *Crime prevention through environmental design.* Sage.

Lemert, E. M. (1974). Beyond Mead: The societal reaction to deviance. *Social Problems,* 21(4), 457-468.

Lilly, J. R., F.T. Cullen & R. A. Ball. (1995). Criminological Theory: Context and Consequences (2nd ed.). Thousand Oaks, Ca: Sage Publications.

Paternoster, R. & Mazerolle, P. (1994). General strain theory and delinquency: A replication and extension. *Journal of research in crime and delinquency,* 31(3), 235-263.

Kaplan, H. B. (1975). Sequelae of self-derogation: Predicting from a general theory of deviant behavior. *Youth and Society,* 7(2), 171

Kaplan, H. B., Martin, S. S. & Robbins, C. (1982). Application of a general theory of deviant behavior: Self-derogation and adolescent drug use. *Journal of Health and Social Behavior,* 274-294.;

Kaplan, H. B., Martin, S. S. & Robbins, C. (1984). Pathways to adolescent drug use: Self-derogation, peer influence, weakening of social controls, and early substance use. *Journal of Health and Social Behavior,* 270-289.

Lettieri, D. J. (1980). Theories on Drug Abuse: Selected Contemporary Perspectives. Research Monograph 30.

Link, B. G., Struening, E. L., Rahav, M., Phelan, J. C. & Nuttbrock, L. (1997). On stigma and its consequences: evidence from a longitudinal study of men with dual diagnoses of mental illness and substance abuse. *Journal of Health and Social*

Behavior, 177-190.

Maue, M. O., Ousey, G. C. & Beaver, K. (2005). Cutting the grass: A reexamination of the link between marital attachment, delinquent peers and desistance from marijuana use. *Journal of Quantitative Criminology, 21(1)*, 27-53.

Merton, R. K. (1938). Social structure and anomie. *American sociological review,* 3(5), 672-682.

Merton, R. K. (1968). *Social theory and social structure.* Simon and Schuster.

Robert Agnew. (1992). Foundation for a general strain theory of crime and delinquency. *Criminology,* 30, 47-86.

Robinson, T. E. & Berridge, K. C. (1993). The neural basis of drug craving: an incentive-sensitization theory of addiction. *Brain research reviews,* 18(3), 247-291.

Raymond Peternoster & Paul Mazerolle. (1994). General strain theory and delinquency: A replication and extension. *Journal of Research on Crime and Delinquency,* 31, 253-263.

Siegel, L. J. & C. McCormick. (2006). Criminology in Canada: Theories, Patterns, and Typologies (3rd ed.). Toronto: Thompson.

Sykes, G. M. & Matza, D. (1957). Techniques of neutralization: A theory of delinquency. *American sociological review,* 22(6), 664-670.

Sutherland, E. H. & Cressey, D. R. (1974). Criminology (9th edn).

Tannenbaum, F. (1938). *Crime and the Community* (pp. 19-20). Boston: Ginn.

Thaxton, S. & Agnew, R. (2004). The nonlinear effects of parental and teacher attachment on delinquency: Disentangling strain from social control explanation. *Justice Quarterly,* 21(4), 763-791.

Travis, H. (1969). Causes of Delinquency. *Berkeley, CA: University of California.*

Turk, A. T. (1969). *Criminality and legal order.* Rand McNally.

Ulbrich, P. M, George J. Warheit, G. J. & Zimmerman, R. S. (1989). Race, Socioeconomic Status, and Psychological Distress: An Examination of Differential Vulnerability. *Journal of Health and Social Behavior,* 30(1). Mar., 1989), pp. 131-146 Published by: American Sociological Association Stable URL: https://www.jstor.org/stable/2136918

Wilcox, P., Tillyer, M. S. & Fisher, B. S. (2009). Gendered opportunity? School-based adolescent victimization. *Journal of Research in Crime and Delinquency.*

Wright. J. P. & Cullen, E. T. (2000). Juvenile involvement in occupational delinquency. *Criminology,* 38, 863-896.

·INDEX·

● 저자약력

조윤오

(현) 동국대 경찰사법대 교수
      법무부 가석방심사위원
      사행산업통감독위원(제5기)
(전) 법무부 서울보호관찰소심사위원
      뉴욕범죄예방연구소 연구원
      지방자치발전위원회 자치경찰분권위원

미국 뉴욕시립대(CUNY) 범죄학 박사(Ph.D.)
행정고시 제44회(법무부 보호관찰관)

범죄학이 오페라를 만나다

초판발행	2022년 8월 31일
지은이	조윤오
펴낸이	안종만·안상준
편 집	윤혜경
기획/마케팅	오치웅
표지디자인	이영경
제 작	고철민·조영환
펴낸곳	(주)박영사
	서울특별시 금천구 가산디지털2로 53, 210호(가산동, 한라시그마밸리)
	등록 1959. 3. 11. 제300-1959-1호(倫)
전 화	02)733-6771
f a x	02)736-4818
e-mail	pys@pybook.co.kr
homepage	www.pybook.co.kr
ISBN	979-11-303-1312-2 93350

정 가   14,000원